ちくま文庫

それでも生きる

国際協力リアル教室

石井光太

筑摩書房

それでも生きる　国際協力リアル教室

目次

はじめに

テレビやインターネットの報道写真で、発展途上国に生きる栄養失調の子供を一度は見たことがあるのではないでしょうか。

ボロ布の上に弱々しく横たわる子供。男の子か女の子かわからないほど瘦せこけ、お腹だけが風船のように膨らんでいる。顔中には無数の蠅がたかり、唇は乾いて割れ、目には涙が浮かぶ。

腹部が大きくなるのは、体が弱り、水分がたまっているためです。ご飯が食べられずにタンパク質が不足すると、血液に含まれている水分が血管の外に漏れてしまい、それがお腹のなかに満ちてパンパンに膨れてしまうのです。

メディアに映る飢えた子供は、おおよそ立ち上がる元気も、声を出す気力もなく、ただ餓死を待つだけの状態です。映像を通してこんな姿を目にし、世界の不条理に胸がしめつけられる思いをした方も少なくないでしょう。

海外の貧困地域と呼ばれる場所を歩いてみると、たしかにこういう子供たちを見かけることはあります。しかし、多くの日本人のイメージと異なるのは、彼らもまた生きている現実があるということです。食べる物がなく、お腹を膨らました子供たちはかならずしも横たわって餓死を待っているわけではありません。彼らのなかには、生活のために仕事をしている子もいれば、弟や妹の面倒をみている子もいるし、家事を手伝っている子もいます。

たとえば、私が東アフリカにあるエチオピアを訪れたときもそうでした。現地の知人から、貧しい農村へ行けば栄養失調でお腹を膨らました子供に会えるといわれました。教えられた村を訪れたところ、広場でそうした子供たちが集まってサッカーをしていました。大きなお腹を抱えるようにしてヨタヨタと走りながら、手縫いのサッカーボールを蹴っていたのです。

私はこの光景を前にして、戸惑いました。飢餓に瀕している子供たちがサッカーをしているということを思い描いたことがなかったからです。この子供たちにそんな体力などあるのでしょうか。傍にいた村の大人は言いました。

「この村じゃ、子供はみんなお腹が膨らんでしまっているよ。別に珍しいことじゃない。なかには体が弱って動けなくなる子もいるけど、大半が元気でピンピンしている。そういう子供たちは俺たちと同じ生活をしているんだ」

「普通の子と変わらないんですか」

「もちろん、町の裕福な子供に比べれば、体力は少ないし、病気にだってなりやすいと思う。でも、遊びたいという気持ちがなくなるわけじゃない。一時間サッカーをする体力がなければ、五分だけすればいいだろ」

この村の広場で見た光景は、私に一つのことを教えてくれました。飢餓に瀕する子供でも生きていかなければならないのだということです。

ＷＦＰ（国連世界食糧計画）の発表では、現在世界では飢餓で苦しんでいる人たちは八億二千万人いると推測されています。つまり、世界の九人に一人が飢えているのです。特に子供が多く、途上国で死ぬ五歳未満の子供の三人に一人が栄養不良が原因だと考えられています。

この数字だけ見れば、私たちが新聞やテレビで目にする餓死していく子供たちの姿はその象徴といえるかもしれません。しかし、逆にいえば、死亡していない大多数の子供たちは栄養不良のまま生きていかなくてはならないのです。お腹が膨れ、手足が枯れ枝のように細くなっても、命ある限り、仕事をしたり、洗い物をしたり、恋愛して生活していかなければならないのです。

同じようなことは、他の貧困問題にも当てはまります。たとえば国連の発表を通して、児童労働に従事している子供が世界で約一億五千二百万人いるという事実を知ることがあっても、彼らが何を思ってどんな仕事をしているかおわかりの人は少ないでしょう。あるいは、六億五千万人が児童婚をしたという統計を見ることがあっても、彼らがどんな夫婦生活を送って、どうやって赤子の面倒をみて、何の料理をつくっているかを知っている人はほとんどいないと思います。

私たちは統計を見ると、なんとなくすべてを理解できた気になりがちです。しかし実際のところ、統計は抽象的な数でしかありません。具体的なことは何も表してはいないのです。統計というのは、わかった気になるための都合のいい数字ではなく、そこに生きる人々の声、息づかい、温かさを知るためのきっかけにし、さらに一歩二歩と理解を深めていくべきなのです。

これから本書で見ていくのは、統計で表される人々のリアルな生活です。餓死現場と呼ばれる場所で、彼らはどのように暮らし、どんな問題に直面し、何を思っているのか。数字では決して表すことのできない人間としての営みに光を当てたいと思います。

もととなるのは、国際機関などが発表した数字と、これまで私自身が現地で見聞きしてきた体験です。私は二十歳くらいの頃から世界各地の貧困国に赴いて現地の人々とともに過してきました。子供たちと一緒に寝起きし、ものを食べ、遊んだこともあります。そうした経験から知った現実をふんだんに盛り込み、統計と照らし合わせながら、餓死現場の子供たちの「生」を書き綴っていきたいと思います。

本書を読み終わったとき、統計の下に隠されてきた人々の生き様が、３Ｄ映像のように立体的に浮かび上がってくれればと思います。

第一章　餓死現場での生き方

低体重で生まれる赤ちゃん

世界の国々の貧困の度合は、しばしば栄養不良の人の多さによって決められることがあります。

栄養不良とは、人間が生きるのに必要とされている栄養が摂取できず、そのままでは身体に悪影響を及ぼす可能性がある状態を示します。よりつよい言い方をすれば、飢餓状態ということです。

日本人の多くは、栄養不良は食事を取れないために陥ると考えています。それは間違っていないのですが、貧しい国では、生まれる前から子供たちが栄養不良になっているという事実をご存じでしょうか。

たとえば、インドの場合は、赤ん坊の二十八％がやせ細った体で生まれてきていますが、このなかにはただ体重が軽いだけでなく栄養不良に陥っている赤ん坊も含まれているのです。

私の印象に残っているのは、アフリカにあるタンザニアという国を訪れたときのことでした。片田舎の町に公立の病院があり、この産婦人科では無償で妊婦の出産ケアをしていました。そのため、農村に暮らす貧しい妊婦たちがたくさん集まってきていました。

産婦人科医の仕事を見ていてすぐに気がついたのは、目を見張るほど痩せている妊婦が多かったということです。手足は枯れ枝のように細く、目や歯茎は飛び出ているように見えるほどでした。身長一六五〜一七〇センチに対して体重は四十キロ以下ではなかったでしょうか。不毛な農村で生まれ育ち食糧難に苦しんでいるため、慢性的な栄養不良に陥っているのです。

出産に立ち会って驚いたのは、こうした女性たちが産む赤ん坊の多くが目を疑うほど小さかったということです。通常の赤ん坊より一回り小さく、乾燥した梅干のような皮膚をした低体重児が次々と生まれていました。

産婦人科の医師は次のように説明しました。

「栄養不良の母親から生まれた赤ちゃんは、低体重である傾向がつよい。母親の体内に栄養がないため、赤ちゃんにまでいきわたらないんだよ。それで、生まれたときから飢餓になってしまっているんだ」

低体重児とは体重二五〇〇グラム未満で生まれてきた子を示します。赤ん坊が低体重になる原因は複数ありますから、タンザニアをはじめとした貧困国における低体重児の出生原因がすべて母親の栄養不良によるものだと言い切るつもりはありません。

ただし、飢餓が要因になっている可能性が少なからずあることは、低体重児の出生率が貧困国で特に多くなっていることを考えればおわかりになるかと思います。母親の栄養不良の状態が、そのまま胎児にまでつたわってしまっているのです。

重度の低体重児の場合は、養護が必要になります。病院の新生児集中治療室につれていかれ、状態に応じて治療を受けなければなりません。次のような問題があるからです。

・酸素欠乏に陥りやすい。
・感染症にかかる割合が高い。
・母乳では栄養が足りない。
・低体温の傾向がある。
・黄疸、脳内出血、貧血になりやすい。

タンザニアの病院では、あまりにも体重が軽い赤ん坊が生まれると、別の部屋へつれていき、治療を行っていました。そうしなければ命を落としてしまうためです。一つの部屋に、痩せ細った赤ん坊が何人もずらっと一列に並べられている光景を目の当たりにすると、貧しい国で生まれるのがどういうことかを思い知らされます。飢餓が日常である土地では、生まれる前からすでに飢えに直面しているというのが現実なのです。パキスタンやイエメンの低体重児出生率が三二％にもなるのは、そのことを如実に示しています。

ところで、統計を見てみると、日本の低体重児の割合が周辺国に比べると高いことに気づきます。北朝鮮が六％、モンゴルが五％、韓国が四％、中国が四％……。このなかで日本は一〇％で群を抜いているのです。

実は、ここ四十年間で日本の低体重児の出生率は約倍増しています。

原因は早産や多胎児などいくつかありますが、特徴的なのは、日本人女性が痩せすぎであるという事実です。あまり知られていませんが、日本人女性がダイエットを意識するあまり、日本は世界でも上位に入るぐらいの痩せ大国になっているのです。次のページの「やせすぎ女性の国際比較」の表をご覧いただければおわかりになるでしょう。世界の最貧国であるラオスのそれと同じぐらいなのです。

低体重児はしっかりとしたケアを受けることができれば、大きな問題に発展することは少ないといわれています。日本で低体重児が増えているにもかかわらず、さほど大きな問題として取り上げられないのはそのためです。

しかし、途上国の場合は違います。タンザニアの病院の医師は、次のように語っていました。

「病院で治療を受けられる子供はマシな方だよ。実際は、貧しい家庭の母親の多くが病院へ行くことができずにいるんだ。そのため、赤ん坊が極度の低体重で生まれても、何の治療も受けられないままに死んでしまっていることが多い」

どういうことなのでしょう。この意味を理解するには、貧困層の人々がどのような場所で生活をしているのかを知る必要があります。

貧困者はどこに暮らしているのか

貧困国にはスラムと呼ばれる地区があります。都市の片すみや周辺に、貧しい人たちがバラックを不法に建てて住みついている地域です。小さな家屋が狭い場所に何百、何千軒とひしめき、いたるところで下水があふれて悪臭が漂っています。そこに暮らしているのは、失業者たちや学校へ行けない子供たちです。

こうしたスラムは貧困の象徴として描かれますが、都会に隣接しているため、住人たちは町にある政府が運営している医療施設で最低限の治療を無料、もしくは低価格で受けることができます。途上国でも、出産や新生児治療にかかる医療費は免除され

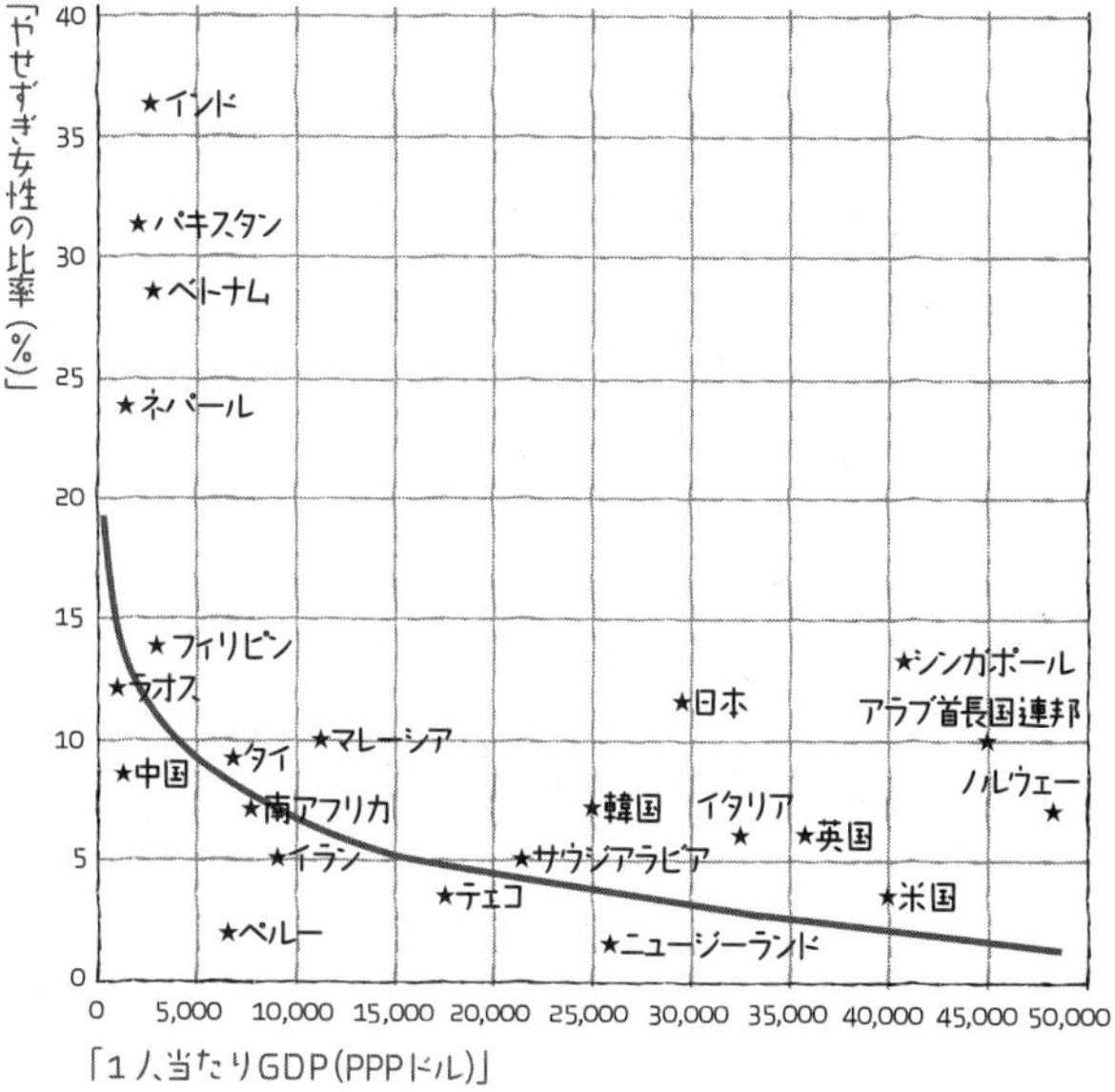

●やせすぎ女性の国際比較

ている場合が多いです。

貧困層がより多く住んでいるのが、都市から離れた地方の農村です。スラムの住人の大半が地方の貧しい生活に行き詰まり、仕事を求めて都市に出てきていることからわかるように、彼らは都市のスラムの住人より困窮した生活を送っています。WFPの調べでは、飢餓に苦しむ人の約七五％は農村に住んでいるとされており、先にあげたタンザニアの場合も、貧困層といわれる人々の大部分は農民なのです。

地方の田畑が広がる場所に設備の整った病院があることは稀です。拠点となるような地方都市にはかろうじて無料の医療施設がありますが、農村の住人たちはそこまでいく時間や金銭の余裕がありません。そのため女性たちは病院にかかることができず、自宅で産んだり、村の産婆さんを頼ったりして出産します。けれど、彼女たちはもともと栄養不良に陥っているため、低体重児を出産する率が高く、そうなると赤ん坊は治療を受けることが難しくなってしまうのです。

地方の医療設備の整ってない場所で極度の低体重児が生まれた場合、母親が一人で赤子の世話をしなければなりません。栄養、つまり母乳を十分に与えられればいいのですが、それができないことも珍しくありません。

見ていてつらいのは、母親が痩せた赤ん坊に母乳をあげようとしても、うまく出ないことです。母親が栄養不良状態にあるために、十分な量のお乳がつくられないのです。飢餓というのは、胎児の発育を止めてしまうばかりか、育てるために必要な母乳さえも奪ってしまうのです。

双子の場合も、問題は深刻です。母親は二人の赤ん坊に対して交互にお乳をあげるのが普通でしょう。しかし、もともと母親の体内に十分な母乳がないため、片方の子供がすべてを飲んでしまい、もう片方の子供に母乳が行き届かなくなってしまうことがあります。双子の間で少ない母乳をめぐって弱肉強食の争いが起きてしまうのです。

私も農村地域で双子を産んだ母親の苦悩を目にしたことがあります。赤ん坊はそれぞれ性格も異なるので、どちらかが元気でお乳を飲むことに積極的であれば、片一方はそうではありません。そうなると、元気な方が次から次にお乳を飲んで、片方にまで回ってこない。母親は自分の母乳が少ないことを知っていますから、元気な方の赤ん坊を叩いて叱ります。

「もう飲むのをやめなさい！　弟にもわけてあげて！」

元気な方の赤ん坊は途中で母乳を奪われ、顔を真っ赤にして泣きはじめます。もっとほしい、足りない、と全身で訴えるのです。

つらいのは母親でしょう。好きで母乳を奪っているわけではないのですから。最初、彼女は頑なに背を向けるのですが、我が子が腹をすかせて号泣しているのに耐えられなくなったのか、目を真っ赤にして怒ります。

「なんでわからないの！　お願いだから泣くのをやめて」

しかし、赤ん坊は理解できずに泣き声をいっそう大きくする。やがて母親も泣きだしてしまいます。母乳がでないという現実の前では、母親も赤子も泣くことしかできなかったのです。

子供が離乳食を食べるような時期になっても同じ問題はつづきます。日本では通常一歳ぐらいの子供は一日に六回も七回もご飯を食べなければならないといわれています。数時間おきに栄養をつけて成長していくものなのです。しかし、こうした土地では、それだけの食べ物を子供のために用意することができません。大人だって一日に一回食事を取れるかどうかなのに、子供に対して六回も七回も与えることなどできないのです。

私は母親が子供のお腹を満たそうと、一生懸命にお米をといだ水を飲ませたり、野菜をすりつぶしたものを口に入れたりしているのを見たことがあります。少しでも栄養を与えようとしていたのでしょう。母親の切ないまでの子供への愛情がそうさせていたのです。

大抵は、こうした母親の努力が功を奏して赤ん坊は無事に成長します。一方で、残念ながら命を落としてしまう子も少なくありません。赤ん坊が低体重であるということは、それだけ免疫力が弱っているということを意味しています。もともと赤ん坊は免疫力がつよくありません。そこにもってきて栄養不良と不衛生な環境が重なると、病気にかかる割合は非常に高くなってしまいます。

では、どれだけの赤ん坊が亡くなっているのでしょうか。次のページの「赤ん坊の死亡者数」の表をご覧ください。

日本と比べると、非常に多くの子供が一歳未満、あるいは五歳未満で死んでいるかがおわかりになるでしょう。日本とソマリアを比べると、実に一歳未満児の死亡率は四一・五倍も違ってくるのです。

この死亡要因のすべてが低体重によるものというつもりはありません。事故もあれば、ＨＩＶの母子感染もあります。しかし、子供が栄養不良で死亡している例が相当数あるのは、その死亡要因を見れば明らかです。途上国における死亡要因のうち多い順にあげると、一位が肺炎、二位が下痢、三位がマラリアとなります。これらに共通するのは、どれも感染症だということです。

感染症とは、ウイルスや細菌に触れることによってかかる病気です。通常は体内の

		5歳未満児	1歳未満児
1位	ソマリア	133人	83人
2位	チャド	127人	75人
3位	中央アフリカ	124人	89人
4位	シエラレオネ	114人	83人
5位	マリ	111人	68人
179位	日本	3人	2人

●赤ん坊の死亡者数（1000人当たり）

*順位は5歳未満児に関するもの

免疫によってそれらの侵入を防いでいるのですが、栄養状態が悪いと免疫力が落ちてしまい、感染しやすくなってしまいます。スラムや農村の不衛生な生活環境のなかで、栄養不良の子供が生きているとそうなる可能性が非常に高まってきて、結果として表に示される高い赤ん坊の死亡率につながってくるのです。

実際、農村やスラムの女性たちと話をしていると、大抵一人ぐらいは子供を亡くした経験があります。前にバングラデシュの農村で聞き込みをしたときは、十人ぐらい子供を出産した母親は、一〜三人ぐらい我が子を失っていたものでした。大半が生後まもなく何かしらの病気にかかって死んでしまうのです。ある意味、彼女たちにとって赤ん坊を亡くすのは日常だといえるのかもしれません。

しかし、そんな母親にとっても、血のつながった大切な命です。お腹を痛めて産んだ子供を失ったことへの悲しみは、私たち日本人と何一つ変わりません。そんなとき、悲しみを癒す一つの精神的な装置があります。子供が死んだとき、親は嘆き悲しむ兄や妹にこう言って聞かせるのです。

「赤ん坊は人間じゃなく、神様なの。死んだんじゃなく、神様のまま天国に帰っただけ。だから、またすぐに生まれ変わってもどってくるわ。近いうちに、再び会えるから悲しまないでいいのよ」

私はいくつかの国でこれと同じ光景に出くわしました。赤ん坊を亡くして間もない母親が、嘆く兄弟にそう言って慰めたり、自分に言い聞かせるように何度もそうつぶやいたりしていたのです。

貧しい国では、しばしばこうした考え方に出会います。三歳から八歳ぐらいまでは赤ちゃんはこの世とあの世を行き来する精霊であり、もし死んだとしてもまたすぐに蘇るのだと考えるのです。昔の日本にも、「七歳までは神のうち」という考え方がありましたが、赤ん坊の死が日常である時代は、そう考えずにはいられなかったのでしょう。

とはいえ、現地で生きる人たちは、なんとか子供の命を救おうと必死です。もっとも有効な対策は、子供にミルクなど栄養となるものを与えることです。

みなさんは街中でNGOの人たちが「途上国への粉ミルクの支援」の呼びかけをしているのを目にしたことはないでしょうか。ユニセフなどの国連機関が訴えていることもあります。

日本にいるとなかなか考えが及びませんが、あの裏にはこれまで述べてきたような母親の栄養不良や低体重児の問題があるのです。栄養不良の親が栄養不良の子供をつくるという悪循環をなんとか絶とうとしている活動なのです。単純に街頭で「貧しい子供たちのために粉ミルクを送りましょう」といわれても現地の状況など思い描くことはできませんが、こうしたことを知っておけば具体的に寄付がどのような意味をもつのかがわかってくるはずです。

また、途上国を訪れると、町の道ばたにすわりこむ女性の物乞いが、幼い赤ちゃんを抱いてこう訴えていることがあります。

「かわいそうな子のためにミルク代をください」

通りがかる人たちがこうした物乞いにお金を与えることが多いですが、彼らが切実にミルク代を訴える意味をわかっているからです。

ちなみに、物乞いのなかにはズル賢い人も多く、こうしたことを悪用する人もいます。かつて私はパキスタンで赤子を布にくるんで抱いている物乞いに出会いました。ミルク代をくださいとせがんでいます。かわいそうにと思い、ポケットに入っていたお金をあげて通り過ぎました。すると、そばにいた男性が私のところにやってきて言いました。

「あの物乞いが抱いているのは赤ん坊の人形だよ。あいつは、人形を赤ん坊に見せて物乞いの道具にしているんだ」

もう一度その物乞いの前を通って見てみると、たしかに物乞いが抱いているのはボロボロになった赤ん坊の人形でした。してやられた、と思い、文句をつけてみました。おい、これは赤ん坊じゃないじゃないか、と。すると、この物乞いは怒って反論しました。

「あたしゃ、これが自分の子だなんて言ってないよ。かわいそうな子のためにミルク代をくれと頼んだだけだ。あんたが勝手に早とちりして私の子供のことだと思っただけだろ。もらった金は絶対に返さないよ！」

まんまとハメられたわけです。ここで何を思っても後の祭り。物乞いのたくましさに感服するしかありませんでした。

一日一食、食べられれば幸せ

これまでは貧しい家庭で生まれた赤ちゃんの栄養不良について見てきました。では、こうした子供たちが成長した後はどうなるのでしょうか。次の表は、五歳未満の子供における低体重児の割合です。

多少のバラつきはありますが、高い国ですと三〇％を超しています。つまり、十人いれば三人から四人ぐらいの割合で低体重に陥ってしまっているのです。原因は、子供たちが十分な食事を取ることができていないためです。一体、彼らはどのような食

エリトリア	39%
ニジェール	38%
東ティモール	38%
マダガスカル	37%
スーダン	33%
パキスタン	32%
ネパール	30%
インド	29%
マリ	28%
南スーダン	28%
パプアニューギニア	28%
ラオス	27%
スリランカ	26%
ソマリア	23%
フィリピン	20%
インドネシア	20%
モーリタニア	20%
ギニア	19%
日本	3%

●栄養が足りずに、体重が足りない子供の割合

＊5歳未満児

生活を送っているのでしょうか。

一般的にいって、貧しい国の家庭では実質一日一食プラス間食というのが普通です。一例として、パキスタンの難民キャンプに住んでいるアフガニスタン人の一日の食生活をご紹介しましょう。

家族が起きるのは朝の五時です。まだ日が出るか出ないかの時刻から、子供たちは歯みがきをし、水を飲んでから、何も食べずに廃品回収の仕事に出かけます。早朝からはじめないと、同じ仕事をしている他の人たちに取られてしまうからです。

子供たちは昼まで何も食べずに仕事をします。午後の一時か二時ごろ、彼らは拾ったものをいったん売り、儲けたときだけナンやスナックを食べて空腹を満たします。運がいいと市場やレストランの主人から残飯を分けてもらうこともありますが、そうそうあることではありません。

昼を過ぎると、再び子供たちは廃品回収をします。そして夕方になって廃品をお金に換えて帰宅します。家では母親が食事をつくって待っています。家庭で取る唯一の食事ですが、料理といえるような代物ではありません。基本的にはナンが一枚、収入の多い日だけそれに野菜がついたり、ジャガイモがついたりします。これで一日が終わるのです。

ここからわかるように、子供たちは基本的にナンしか食べていません。味気ないナンが一枚か二枚、運がよければそれに残飯や野菜がくっついてくるだけです。丸一日街を歩き回って廃品を拾い集めている育ちざかりの子供がこれで足りるはずがありませんよね。

また問題なのは、彼らはその日暮らしをしているため、どれだけ食べ物を得られるかが時期によって大きく異なることです。たとえば、パキスタンでは七、八月の間は雨季に入ります。この間、一日の大半スコールのような激しい雨が降りつづき、水はけの悪い道路は泥水が脛のあたりまであふれます。こうなると、廃品回収の仕事はほとんどできません。一年のうち約一カ月間はラマダーンというイスラームの断食月があり、この期間中は多くの店が閉まってしまい、人通りも少なくなります。これらの時期も同じように廃品回収をしてもあまりお金になりません。

つまり、普段はなんとか一食プラス間食を得ることができても、雨季やラマダーンの間はそれがままならなくなってしまうのです。時期によっては、数日間何も口にすることができなくなる。このような食生活が子供たちを栄養不良に陥らせていることは容易に想像できるでしょう。実際に、現地の医師から「雨季には、栄養不良の子供が運ばれてくることが多くなる」と聞いたこともあります。ギリギリの生活が一気に飢餓に転じてしまうのです。

途上国では、栄養不良で命を落とすのは大人より子供の方がはるかに多いといえるでしょう。地域や家庭によって原因は異なりますが、その一つとして貧しい家庭で決められている食事の優先順位が挙げられます。最初に父親が食事を取って、次に妻が取り、最後の余った分を子供たちが食べることが多いのです。男尊女卑の伝統がある地域ですと、女性が後回しになることもある。このような結果、後回しにされる子供や女性に十分な栄養が行き届かなくなるのです。

NGOなどはこうした食生活を「不平等な悪習」だとして批判します。しかし、家族からすればそうとは言い切れない事情もあるのです。家族のなかでは、通常父親が工場や工事現場での肉体労働などもっとも過酷な労働をしています。一方、子供たちがする仕事は、町を歩き回る廃品回収などもう少し簡単なもの。このような状況下で、もし父親に食事の優先権がなければ、過酷な労働をつづけることができるでしょうか。体力がなくなり、働けなくなれば、それこそナン一枚手に入れられなくなってしまいます。

かつてインドのコルカタの路上で、それを象徴するような出来事に遭遇したことがありました。父親はアジムという名前の五十代の男性で、妻と四人の子供がいました。

公園の片すみで家族全員で寝起きし、朝になると市場へ行って荷物運びの仕事をするのが日常でした。大量の野菜やジャガイモをトラックから売り場まで背負って運ぶのです。

荷物運びによって得られる賃金は、一回につき十円にもなりません。一日の収入は二百円ほど。なんとか、一家六人が日に一食取れるかどうかというぐらいの金額です。

毎日夕方になると、父親は収入のすべてを母親に渡します。母親はそれで野菜や米を買い、薪で火を炊いて具のない雑炊のような食事をつくります。この家庭では、最初に父親が食べ次が働き盛りの長男と長女、そして母親の番。最後が幼い弟と妹でした。終わりの方になると、鍋には一口分のお米が焦げついているぐらいで食事といえる量ではありません。

そのため、幼い子供たちは家でのご飯を当てにせず、町を歩いては落ちている食べ物を拾って空腹を満たしていました。野菜の切れ端や、果物の皮についているわずかな実を拾い集めては口に入れる。ときには、町にいるヤギのおっぱいを絞って飲んだりすることもありました。

そんなある日、アジムの四歳になる次男が病気になってしまいました。ひどい腹痛と高熱に襲われたのです。栄養不良がつづいたせいでしょう。アジムは治療のためにその日稼いだお金の半分を次男の薬代にあて、食事はほとんど彼に食べさせてあげました。看病も、連日深夜にまで及びました。

ところが、これが不幸を招くことになりました。アジムは、ほとんど何も食べずに灼熱のなかで肉体労働をしたものですから、数日後には気を失って倒れてしまいました。今度はアジムの栄養が足りず、体調を崩してしまったのです。

家族は窮地に追い詰められました。一家の大黒柱が倒れてしまったため、最低限の食事もできなくなってしまったのです。長男と長女がカフェで働かせてもらい、チャイ運びの仕事をしたりしましたが、足元を見られて日給は三〇円ほど。これでは一家六人が食べていくことはできません。

母親は仕方なく、同じ路上生活者仲間や町のチンピラに借金をしてその場を凌ぎましたが、借金を返すあてはありません。結局、アジムは体調を取りもどした後、チンピラの麻薬売買の手伝いをさせられることになりました。それによって、借金の返済をするように命じられたのです。

私はアジム一家の行く末を見届けていませんが、ギリギリで成り立っていた生活の流れがいったん断ち切られると、このようにどんどん犯罪社会に引きずり込まれてしまうことがあります。娘が人身売買にあったり、息子たちが犯罪組織に加わったりして一家離散となることも珍しくはありません。綱渡りの生活が何かのきっかけで壊れてしまうと、もとにもどることができなくなってしまうのです。

ここからわかるのは、幼い子供を犠牲にしてでも父親が真っ先に栄養を取るのは、自分本位とか差別というより、そうしなければ一家がやっていけないという現実があるためです。それが、貧困にあえぐ家族が綱渡りのような生活をつづけていくための方法なのです。良い悪いは別にして、こういう環境のなかでは子供が重度の低体重に陥ってしまうのは必然的なことだともいえるでしょう。

栄養不良による身体障害

子供が極度の栄養不良になると、すぐに生命の危機に立たされるわけではありません。まずはマラスムス、もしくはクワシオコアという病気になり、身体に様々な症状が現れるようになります。

これらの病気の症状は多様です。痩せ細るのはもちろんのこと、体に浮腫ができたり、皮膚がボロボロになってしまったりします。お腹が風船のように膨らむのもこの病気の症状の一つです。先述したようにタンパク質の不足から血管からもれた水分が腹部にたまってしまうのです。

栄養不良がもたらす身体的な特徴として私の記憶に残っていることが一つあります。エチオピアの首都アディスアベバの町にいたときのこと。町の貧困地区を歩いていたら、地元の人からこんなことをいわれました。

「貧しい子供たちを調べているなら、面白い連中がいるよ。市場の一角に、『白っ子』と呼ばれるストリートチルドレンたちがいるんだ。見に行ってみなよ」

私はどういうことかわからないまま、市場の裏手にある空き地へつれていかれました。そこには小学生ぐらいのストリートチルドレンが一〇人ほどおり、昼寝をしたり、拾ってきたゴミを仕分けたりしていました。親を亡くしたり、家庭内暴力から逃げてきたりして、何年も道ばたで寝起きしているのです。

いわれた通り、彼らの身体には共通の特徴がありました。髪の毛が茶色く、所々抜けてしまっていたのです。一〇円玉ぐらいの脱毛が何カ所にもわたってある子もいます。肌の色も、なんとなく明るくなっているように見えました。黒人なのに髪の毛の縮れ具合も弱くなっているため、別の人種のようです。どうして、こんなことになってしまったのでしょう。

案内してくれた現地の人は、こう教えてくれました。

「ストリートチルドレンは、ご飯を満足に食べられない。すると、髪や肌の色がどんどん明るくなってくるんだ。まるで白人に近づいているようだから、人々は『白っ子』と呼ぶんだよ。ただ、髪の毛がごっそり抜け出すと、先が短い。数カ月で死んでしまうといわれている」

「白っ子」というのは、栄養不良による病状を嘲笑う差別用語だったのです。

同じような身体的特徴のある子供はアジアにもいます。フィリピンのスラム、インドの路上などを歩いていると、髪の毛の一部が金髪のようになっている子供たちを見かけることがあります。何も知らないと髪を染めているのだと勘違いしてしまいますが、あれは栄養不良からくる症状の一つなのです。

ここで一つ注意をしたいのが、栄養不良という言葉が示す意味についてです。栄養不良というと、多くの方がご飯を食べることができない飢餓状態を示すと考えるでしょう。これはこれで間違った認識ではありません。しかし、栄養不良とは、次の二つの状態を示すのです。

・十分な食事を取ることができずに飢餓状態に陥っていること。
・食生活が偏っており、一日に必要な栄養をバランスよく摂取できないでいること。

つまり、栄養不良は飢餓を示すだけではなく、貧困からくる食生活の極端な偏りをも含むということです。

具体的な例をだしましょう。たとえば、先述したパキスタンの難民だとナン、インドの家族だとチャパティ、エチオピアのストリートチルドレンだとインジェラと呼ばれる酸味のあるクレープのようなものだけを食べています。これらだけでは、子供が育つにあたっての十分な栄養を摂取することはできません。飢え死にはしませんが、栄養バランスが完全におかしくなるという状況に陥るのです。これは様々な病気を生み出す要因となります。

途上国の人々に欠乏しやすい栄養素と陥りやすい症状を次に示しましょう。

・ビタミンA……体内でこれが不足すると、失明する可能性が高まります。国連食糧農業機関によれば、世界で一億四〇〇〇万人の子供がビタミンA欠乏症であり、それによる視覚障害者は毎年二〇〇万人以上、失明者は毎年二五万人から五〇万人だといわれています。

・ビタミンB……脚気になる可能性が高くなります。最初は体が痺れたりするような症状があります。やがてひどくなってくると、心不全などによって死亡することもあります。

・鉄分……貧血になる可能性が高くなります。事故や出産の出血の際に、貧血が原因で死亡する人が増えてしまいます。世界で約一七億人が鉄分欠乏症におかされており、その半数が貧血症にかかっているというデータがあります。

・ヨード……首などにコブができることがあります。ひどくなると、脳に障害を及ぼすようになり、知能遅滞に結びつきます。

・亜鉛……免疫力が大きく低下します。免疫力がなくなると、不衛生な場所で生活する子供たちは感染症にかかる率が格段に上がってしまいます。これによって、毎年八〇万人の子供が死亡しているという統計があります。

こうしてみると、栄養バランスの悪さが、いかに重大な事態を引き起こすかがおわかりになるでしょう。日本でも昭和の初めまではビタミンBの不足からくる脚気が結核と並ぶ死亡要因の一つとなっていました。途上国の貧困地域では、未だにそうした現実がつづいているのです。

実際に貧困地域を歩いていて多いと感じるのは、目の不自由な人たちですね。半盲の人から全盲の人たちまでよく見かけます。ビタミンAの不足の問題にくわえ、トラコーマなど目に障害を及ぼす感染症と隣り合わせで生きているためでしょう。

社会のなかに障害者が増えれば、人々は彼らを受け入れなければならなくなります。その象徴が貧困地域における障害者たち専門の職業といえます。障害者が多いからこそ、彼らのための仕事が昔から伝統的に定められているのです。

私自身の体験でいえば、フィリピンのスラムを歩いていたところ、目の見えない子供が友だちに伴われてやってきて、握手を求めてきました。私は何気なく応じました。すると、彼はガシッと私の手をつかみ、指で器用にもんできました。私は親切でやってくれているのかと思っていたのですが、終わると彼は平然と、金を払え、と言ってきたのです。私は首をかしげました。すると、横にいた人が教えてくれました。

「彼は、マッサージ師なんだよ。このスラムでは盲目の人たちはマッサージ師になるんだ。金を要求されたくなければ体をさわらせないことだな」

似たようなことで、もう一つ記憶に残っていることがあります。スリランカのスラムにいたところ、盲目のお婆さんがやってきて、こう言いました。

「あなた、素敵な声をしているね。きっと、来年には結婚するよ」

私は悪い気はせず、「ありがとう」と答えました。すると、彼女は手を差し出してきました。

「わかってくれたら嬉しいよ。さあ、金を出してくれ。占ってあげたんだから」

そう、彼女は「流しの占い師」だったのです。このスラムでは、目の見えない女性は占い師になる習慣があったのです。

このように貧困地域によって、障害者がつく特定の職業というのがあります。体の不自由なものでも社会に溶け込む道があるのです。それこそが、共存の仕組みだといえるでしょう。

助け合いという貧困スパイラル

これまで見てきたように、貧困地域の慢性的な食料不足のなかで子供たちが生き抜くことは容易ではありません。

一番の問題は、先に見たように彼らの生活が不安定であることがあげられるでしょう。ギリギリの日雇い労働をしているため、金銭を得られる時期とそうでない時期の落差が激しいのです。そしてその落差こそが、飢餓への転落を意味するのです。

そこで人々はなんとか転落を防ごうと、お互いに手を取り合おうとします。スラムや農村のなかでコミュニティーをつくり、助け合うことで飢餓に陥るのを止めようとする。私はこれを「貧困生活における助け合いのセーフティーネット」と捉えています。どういうことか具体的に説明しましょう。

たとえばバングラデシュのスラムには、日雇いの肉体労働をしている男性がたくさんいます。朝になると、彼らは決まった大通りに集まります。すると、どこからかトラックがやってきて男たちを荷台に乗せ、建築現場や工場まで運んでいく。男たちはそこで一日仕事をして日当を手に入れるのです。

こうした仕事は非常に不安定です。仕事の多い時期は毎日のようにトラックに乗せてもらえますが、そうでない時期は仕事にありつくことができず、家族を食べさせていくことができなくなる。

家族はこうしたときのために、同じスラムにいる別の職業の人たちと仲良くしておきます。町で物売りをしたり、リキシャ（自転車タクシー）の運転手をしたりして生計を立てている家族とつながりをもっておく。そして、いざ自分の仕事がなくなって生活に困窮したとき、それらの家族に頼んでご飯をわけてもらったり、借金をしたりするのです。

一例として、スラムに日雇い労働をしているAさんの家族がいたとしましょう。AさんはBさんというリキシャ運転手をしている家族と仲良くしています。

ある日、Aさんが仕事で腰を痛めてしまい、一週間肉体労働ができなくなってしまいました。そんなとき、Bさんが A さんの家族のためにお米をわけてあげるのです。その代わり、雨季になり、リキシャの仕事が少なくなって、Bさん一家が生活できなくなったときは、A さんがBさんにお金をかしてあげたりする。つまり、普段から A さんとBさんの家族はかたい絆を結ぶことで、相互扶助のシステムをつくっているのです。

みなさんのなかには、なんてすばらしいシステムなんだろうと思った方もいるかもしれません。たしかに助け合いの精神は褒められてしかるべきことかもしれません。しかし、この結びつきがあるがゆえに、人々が貧困という泥沼に足を取られつづけているという現実もあるのです。

考えてみてください。もし A さんが一年間常に仕事をもらえ、貯金ができるようになったとしましょう。普通ならば、このお金をもとにして商売をはじめることでスラムでの貧しい生活から抜け出せますよね。しかし、A さんはBさんを助けなければならないために、そうすることができず、貯金分の収入をすべてBさん一家のためにつかわざるをえなくなります。

これは農村でも同じことがいえます。もしある家庭が大豊作によって大きな収入を得たとしても、別の家庭を助けなければならないために生活は苦しいままであることが少なくありません。特に農村にはお年寄りなど助けを必要とする人々の数が多いため、そのようなケースが頻繁にあるのです。

このように「貧困生活におけるセーフティーネット」は、よくいえば助け合いのシステムなのですが、悪くいえば足の引っ張り合いということになりかねません。もしある家庭が貧困から脱却できる機会を得たとしても、コミュニティーの別の家族への支援が重荷になって、貧困という泥沼に埋もれてしまう。富を分かち合うということは、餓死者がでることを防ぐ一方で、全員が慢性的な栄養不良の状態で生きつづけなければならないという構造を生み出すということでもあるのです。

バングラデシュのスラムに、思い出に残っている一つの家族がいます。両親の他に、二十代の兄が三人おり、一番下に一〇歳のファティマという名の娘がいました。父親と兄三人が働き手だったため、収入は日本円にして三万円から六万円。スラムを抜け出せるぐらいの額にはなっていました。

ところが、この家族は一日一食しかとれない困窮した生活をしていました。実は、仲のいいほかの家族がことごとく仕事を失っており、それらすべての家庭を養わなければならなかったのです。そのため、一〇歳になるファティマは学校をやめなければなりませんでした。父や兄たちの収入だけでは足りないため、彼女も石を砕く砂利づくりの仕事をすることになったのです。

ファティマは学校に通うことに未練があったのかもしれません。毎日食事が終わってから、ボロボロになった教科書を月明かりの下で声を出して読みつづけていました。いつか学校へもどりたいという思いがあったのでしょう。両親や兄は見て見ぬふりをしていました。

ある夜、私は教科書を読んでいるファティマに訊いてみました。

「学校へ行きたいんだね。両親に頼んでみることはできないの？」

彼女は首を横にふりました。

「そんなことできるわけないよ。そしたら、他の家族が困っちゃうもの」

「ファティマは、他の家族のために自分を犠牲にしようと思っているの？　自分の夢を実現させようとはしないの？」

彼女は苦笑してから答えました。

「夢をかなえたくないと言ったら嘘になる。けど、いつ私の家族だって生活に困るかわからないでしょ。明日お兄ちゃんたちが事故にあって働けなくなるかもしれない。それを考えたら、私が我慢して働かなければ、自分たちが困ったときに誰からも助けてもらえなくなっちゃう。私が他の家族のために学校をやめるのは仕方のないことなのよ」

貧困者のなかには、常に「いつ自分が飢えるかもしれない」という恐怖心が満ち溢れています。そして、その恐怖のために、這い上がる機会を「仕方ない」と言っていとも簡単に捨ててしまうのです。

私たち外国人はなかなかこうした仕組みについて知る機会がありません。だから、みすみす這い上がる機会を見逃してしまったり、「仕方がない」と言ってあきらめてしまったりする人の姿を見ると、「もっと頑張れよ」と思ってしまいます。

でも、実際に飢餓の恐怖を感じている人たちは、わずかな成功の可能性にかけるより、飢餓の恐怖をどうにかして減らそうと考えるものなのです。それだけ、彼らにとって飢餓というのは恐ろしいものなのです。表現を変えれば、スラムや農村における貧困のスパイラルというのは、人々の飢餓に対する過大な恐怖感によって支えられているということもできるのです。

第二章　児童労働の裏側

児童労働というのは、教育を受けるべき年齢の子供が、学校へ行かずに生活のために働くことです。なかには安全や健康に著しく悪影響を及す労働も含まれています。ＩＬＯ（国際労働機関）は、児童労働に当てはまる年齢を五歳から十七歳としています。

では、具体的に世界には、どれぐらいの児童労働者がいるのでしょうか。二〇一六年、ＩＬＯは以下の数字を出しています。

・児童労働者の数
合計　一億五二〇〇万人
男子　八八〇〇万人
女子　六四〇〇万人
・児童労働者の年齢層
五歳から十一歳　　七三〇〇万人
十二歳から十四歳　四二〇〇万人

十五歳から十七歳　三七〇〇万人

現在、世界の児童数は、約一六億人といわれています。ということは、世界の児童の一〇人に一人が労働をしているという計算になるのです。

また、一度児童労働をはじめたら、それが家族の生活スタイルになるので、基本的にはずっと働きつづけなければならなくなります。途中から学校へ行けるようになったりする可能性は非常に乏しいのです。

これだけ多くの子供たちが労働をしなければならないのは、家計を支えるためです。簡単にいえば、父親の収入だけでは足りず、子供たちが働いて家計を助けなければならない。一例として、インドのムンバイーにあるスラムにおける貧困家庭の家計簿を見てみましょう。

・出費　家賃（スラムのバラック）　三〇〇〇円
　　　　食費（六人分、一日一食、三〇〇円×一カ月）　九〇〇〇円
　　　　その他（電気、石鹼、衣服など）　三〇〇〇円
　　　　合計　一万五〇〇〇円

・収入　父親（肉体労働、一日二二〇円×二七日）　六〇〇〇円
子供（四人、物売り、一日約四〇〇円×二〇日）　七〇〇〇～一万円
合計　一万三〇〇〇～一万六〇〇〇円

インドでは、成人男性が日雇い労働をしても日当は二二〇円ほど。そうなると、家賃と雑費代にしかならず、まったく食べていけないということになります。そこで、子供たちが働くことによって食費の九〇〇〇円分を家計に上乗せしなければなりません。逆にいえば、子供が働かなければ、家族が一日一食の食事をとることができなくなってしまうのです。これが、児童労働が行われる背景にある家庭の経済状況です。

では、子供たちは実際にどのような労働をしているのでしょうか。ここでは便宜上、二つの区分をつくりたいと思います。

1　勤務型児童労働――農場での労働者、工場での製造業、鉱山での採掘業、レストランなど店の従業員、家庭の使用人。

2　放浪型児童労働――新聞売り、靴磨き、花売り、お菓子売り、ティッシュ売り、路上ミュージシャン、物乞い、廃品回収。

1の勤務型児童労働は、工場や農場や店などで従業員として働き、決まったお給料をもらうタイプです。2の放浪型児童労働は路上で商いをして稼ぐタイプです。

子供が働く場合、基本的にはこのどちらかの形態に属することになります。それぞれを詳しく見ていきたいと思います。

勤務型児童労働（工場・農場で働くほうがまだいい）

どこの国にも、大きな工場や農場があります。それらの大半は、外資系企業、もしくは外国への貿易で成り立っている会社といっていいでしょう。たとえば、輸出用の魚を加工する会社だったり、輸出用のバナナを育てる農場だったりするのです。途上国では輸出が絡んでいない限り、なかなか巨大な企業にまで成長することは難しいからです。

こうした工場や農場は地元社会に根ざしており、地域経済を支えています。住民たちの多くはここで働きます。賃金は一カ月夫婦が共働きして一万円から二万円といったところです。先述したインドのスラムでの家計簿を見ていただければわかるように、それぐらいあればなんとか家族が食べていくことができるのです。

では、なぜ児童労働が行われるのでしょうか。それは、すべての家庭が五、六人でおさまり、夫婦が共働きできるとは限らないためです。たとえば、子供が一〇人いたり、父親が事故で死んでしまったり、借金を背負っていたりしたら、どうなるでしょう。ギリギリで成り立っていた生活が音を立てて崩壊してしまいます。

こんなとき、子供は学校をやめて、働かなくてはならなくなります。工場や農場が積極的に子供をかき集めて採用するわけではありません。雇う側とて人間です。できるなら、学校に行かせて教育を受けさせてあげたい。でも、雇ってあげなければその子の家庭が壊れてしまう。そこで、雇用するのです。

工場や農場の仕事は単純労働ですので、子供でも働くことはできます。朝から晩まで工場で魚をパックにつめたり、バナナを採ったりする。子供の場合、生産性が大人より低いために、給料が多少低く設定されていますが、なんとか家族が食べていける金額にはなります。

これまで世界的に児童労働が注目され、問題になってきた例はいくつもあります。有名なものですと、パキスタンにおけるナイキ社の問題があるでしょう。ナイキ社が現地の会社にサッカーボールの製造の一部を委託していたところ、現地に住む大勢の子供が雇用され、サッカーボールを縫う仕事をさせられている事実が明らかになったのです。これがニュースになり、ナイキ社は国際的な批判にさらされて製造の一時停止に追い込まれました。

また、アフリカのギニアなどでネスレ社が批判を浴びたことがあります。ネスレ社は飲食メーカーであり、チョコレートの原料となるカカオ豆を現地のプランテーションから買い上げていました。すると、そのプランテーションで大勢の子供が働いていることが明るみにでたのです。ネスレ社もナイキ社と同じように取引を中断し、児童労働の撤廃を行うことになりました。

このような出来事は他にも多数あります。もちろん、児童労働が許されるべきではありません。しかし、実際に現地に足を運び、子供たちがなぜ働いているのかを目にすると、批判することがかならずしもいい結果につながるのかどうか断言できなくなるのも事実です。

たとえば、スリランカという国で、私は紅茶のプランテーションで働く一人の女の子に出会いました。サンサラという名前でした。当時、一一歳だったでしょうか。

彼女は五人兄弟の長女でした。最初は父親と母親がプランテーションで働いて生活を支えていました。ところが、あとから生まれてきた弟二人が生まれつき知的障害があったのです。一人はかなり重度で立ち上がることもできませんでした。そのため、母親がつきっきりで二人の面倒を見なければならなくなり、サンサラは学校をやめて母親の代わりに働くことになったのです。

ただし、この子が奴隷のように労働だけを強いられていたかといえば、そうではありません。茶摘みをするときは、みんなで歌をうたいながら楽しそうに摘んでいきます。周りの大人たちはサンサラの家が貧しいのを知っていますから、昼ごはんを少しずつわけてくれる。そして夕方になって仕事が終わると、学校で習うはずの勉強を木陰で代わる代わる教えてあげるのです。

サンサラは言っていました。

「たしかに学校へ行きたくないといえば嘘になる。けど、いまさらそれを言っても母親につらい思いをさせてしまうだけ。それに、最近は学校へ行くより、ここで働いている方がいろんな勉強になることに気づいた。同世代の子より、たくさんのことを学んでいる気がする。みんなより少し早く大人になったと考えればつらいことはないわ」

私は彼女の働く姿や率直な意見を聞いたとき、もしこの子から労働を奪ったらどうなるのだろうと思いました。

はたして家族は生活していけるのでしょうか。児童労働を撤廃しても、父親の給料が倍になるわけではなく、そのままだと家庭は崩壊してしまいます。

アフリカの貧しい国のプランテーションなどへ行くと、その現実を嫌というほど見せつけられることがあります。アフリカは欧米のＮＧＯが多数入っているため、一部の国や地域では児童労働を規制する動きが盛んになっています。かつてケニアのコーヒーの産地にある村を訪れたとき、不思議なことに女の子が非常に少ないことがありました。村の人は次のように説明しました。

「数年前に、欧米のＮＧＯがやってきてプランテーションから子供を一掃したんだ。そのせいで、子供は地元で働けなくなってしまった。それで仕方なく、他の町に家政婦として出稼ぎにいくことになった。それで若い女の子が減ってしまったんだよ」

若い女の子が都会へ家政婦として働きにいくといえば聞こえはいいかもしれません。けれど実態は、その何割かは売春の道に進まされます。プランテーションでの仕事を奪われたことで、より過酷な児童労働にさらされてしまっているのです。

こうしたことを考えたとき、私は児童労働を頭から悪と決めつけることに違和感を覚えます。子供が働かずに学校へ行けるのに越したことはありませんが、かならずしもそれが実現するとは限らない。地域によっては児童労働それ自体が貧困のセーフティーネットになっている。それを奪ってしまうことは、貧困家庭の命綱を絶ってしまうことにもなりかねないのです。

ちなみに、いま、スリランカのプランテーションで茶摘みをしていたサンサラは結婚をして家庭を持っています。若くしてすでにベテランの域に入っており、新しく働きにやってきた人たちに茶摘みの方法や歌を教えています。プランテーションで学んだ仕事のノウハウが、彼女にとっての誇りになっているのでしょう。

放浪型児童労働（路上で働くということ）

主に地方や郊外では、そこを拠点とする巨大な工場や農場における勤務型児童労働が行われています。一方、都市の中心部やスラムでは、そうした労働拠点がないぶん、放浪型児童労働が主流になってきます。花売りや新聞売り、それに靴磨きのような街中を歩き回りながら金銭を得ていく仕事です。

靴磨きや廃品回収などは元手となるお金はいりませんが、何かを売って利益を得ようとしたら別です。彼らはどのようにそれらの商品を手に入れているのでしょう。二つの方法があります。

・共同出資型——仲間同士で資本を出し合って商品を買う。

・業務委託型——お店などから商品を預かる。

共同出資型は、スラムなどの仲間とともにお金を出し合って商品を買い、それに利益を上乗せして売ることです。たとえば、五家族でティッシュを二〇〇個まとめ買いします。それを二〇人の子に一〇個ずつ売らせるのです。上乗せする利益は一個につき五円ほど。すると、一日あたり一人五〇円の儲けになります。もし一家族に子供が四人いれば一日に二〇〇円の収入。月に換算すると、四〇〇〇円強になります。これが家計を支えるのです。

うまく元手となる資金を抑えて商売をする方法もあります。ヨルダンのトイレで見かけたことを紹介しましょう。

そのトイレの前では、貧しい子供たちがティッシュを売っていました。もちろん、用を足すときにつかう紙です。子供たちはわざと多めにティッシュを売っていました。通常一回に必要な紙が五枚だとしたら、わざと一〇枚一セットにして販売しているのです。人々は用を足したくて仕方ありませんから、ちょっと多いと思っても渋々買ってくれます。ただし、一回のトイレで一〇枚すべてをつかうことはありません。余った五枚分をトイレに残して去っていきます。

子供たちのアイディアが発揮されるのは、ここからです。彼らはトイレに置き去りにされた紙を拾い集め、それでさらに一セットつくって再販します。こうすることによって、五枚一セットですべての紙を売るより、より大きな儲けを出すことができるのです。子供たちが知恵をふり絞って生み出した商売方法だといえるでしょう。

一方、業務委託型は、お店から商品を預かり、それを売って利益を得るという方法です。これは公共の機関がやっているものと、民間がやっているものがあります。公共のものは新聞や宝くじ売りです。貧しい人に対してこれらを優先的に販売する権利を与え、街頭で売ることを認めているのです。ただ、ここで生まれる利益は薄く、一回の売り上げごとに得られるのは一円とか二円とかです。

民間がやっているものですと、もう少し利益率は高くなります。お店がジュースやDVDなどを貧しい人たちに預けて売ってもらうのです。こちらは一回の売り上げごとに二円から四円ぐらい入る仕組みになっています。それでも共同出資型に比べると、利益は決して大きくはありませんが、資本が必要なく、損を出すことが少ないということを考慮すれば、それなりに効率のよい仕事だといえます。

しかし、業務委託型の仕事が万能というわけではありません。預かっている以上、その商品を責任をもって管理しなければならないからです。もし商品を失ったり、壊してしまえば、自分で弁償しなければならなくなるのです。

以前、私がエジプトのルクソールという町で目撃した経験を紹介しましょう。この町は、ナイル川沿いに位置しており、近くには王族の墓である「王家の谷」など観光名所が数多くあります。私が訪れたのは、夏の盛りでした。連日四〇度以上の酷暑がつづいていたにもかかわらず、多くの外国人観光客がレンタルサイクルに乗り、町に点在する遺跡を巡っていました。半日はこうして観光するのが定番なのです。

外国人観光客たちは、全身から大量の汗を噴出し、あちらこちらで休んでは水を飲んでいました。地元の子供たちはそこに商機を見出したようでした。自転車にビンに入ったジュースをつみ、観光客相手に商売をしていたのです。遺跡から出てきたり、日陰で休んだりしている人たちのもとへ行き、「ジュースを飲みませんか」と声をかけて回るのです。どうやらお店からジュースを借りて、代わりに売って利益を少しだけもらっているということでした。

ある日、ナイル川の岸に、若い欧米人の観光客がたむろしていました。男女八人で集まり、騒いでいたのです。ジュース売りの少年は、自転車をこいで彼らのもとへ行き、「ジュースはいりませんか?」と声をかけました。欧米人たちは、それぞれコカコーラやスプライトなどを買いました。少年はお金と交換にジュースを渡し、飲み終わったらビンをその場に置いておいてください、と言い残して近くにいた別の観光客たちのところを回りはじめました。

しばらくして、少年が自転車で欧米人たちのところにもどってきました。数秒後、突然彼が「なんてことしてくれたんだ！」と大きな声で叫びました。どうしたのでしょう。ガイドとともに近づいて話を聞いてみると、欧米人たちが飲み終わったビンを川に投げ捨ててしまったということでした。少年の英語がつたわっていなかったのでしょう。すでにビンは川に流されてしまっていました。

ジュース売りの少年は怒鳴りました。

「置いておいてくれって言ったでしょ！　ビンのぶんのお金を払え！」

目が真っ赤になっていました。欧米人たちは何のことかわからなかったのか、「なぜ、また金を払わなければならないんだ」と言って少年を突き飛ばし、立ち去ってしまいました。少年は地べたにすわり込み、いつまでも大声で泣いていました。

このとき、私はことの重大さがわかりませんでした。すると、ガイドが次のようなことを教えてくれました。

「あの少年は店からジュースを預かり、ビンのなかの飲み物だけを売っているんだ。お客が飲み終わった後に空のビンを集めて、お店に返さなければならない。それをしないと、店からビンの料金を請求されてしまうんだよ。八本も川に捨てられたら、一日の稼ぎは全部吹っ飛んでしまう」

そう、ビン入りのジュースというのは、売っているのは中身だけなのです。ビンは工場にもどして消毒し、再利用される。そのビンがなくなってしまえば、工場側はお店に弁償しろと要求してきます。その弁償代がそのまま少年の負担になってしまうのです。

ガイドは次のようにつづけました。

「ああいう少年は、その日暮らしをしている。稼ぎが吹っ飛べば、家族がご飯を食べられなくなってしまう。この町では、夕方になると子供が欧米人観光客に体を売っていることがある。食費の不足分や、ビンを弁償する費用を稼ぐため、少年が欧米人の男に体を売るんだよ」

こうしたことが起こるのはエジプトだけではありません。ほかの国でも頻繁にあります。商品を預かって売るというと簡単なようですが、それだけ重い責任を負う必要があるのです。もし何か起きてしまったら、体を売ってでもそれを弁償しなければならない。そうでなければ、町で二度と仕事をさせてもらえなくなってしまうのです。

途上国の町を歩いていると、物売りの子供に出くわすことが少なくありません。みなさんのなかには、そんな子供たちを見て、「たくましく生きているな」とか「ずるがしこいな」と思ったりしたことがある人もいるでしょう。しかし、彼らは私たちが想像する以上の責任と重圧のなかで働いていることもあるのです。

大人はやらない危険な仕事

児童労働には、これまで見てきたような仕事ばかりではなく、命の危険がある仕事も含まれています。

たとえば鉱山での肉体労働などがそれです。岩山を削っていくことで金や銀や石炭などを採掘していきます。地底何百メートルも掘り進め、そこで採れたものの多くは日本などをはじめとした先進国へ輸出されます。

こうした労働には大きなリスクが伴います。岩が崩れて生き埋めになったり、有毒ガスによって死傷者が出たりすることがあるのです。運よく助かったとしても、一生身体障害者として生きていかなければならないこともある。

この他にも危険な仕事は枚挙にいとまがありません。不発弾などを鉄クズとして拾い集める廃品回収業、ゲリラに従軍する少年兵、児童売春……。

子供というのは、ときとしてこうした危険な仕事を課せられることが少なくないのです。安全な仕事であれば、その仕事は大人がさっさとやってしまいます。しかし、危険な仕事につこうとする人は少ない。そこで、貧しい子供たちがこうした仕事を任せられたり、現金収入のためやむなく選択せざるを得なくなったりするのです。

では、危険な仕事についている子供はどれぐらいいるのでしょうか。ＩＬＯは次のような推測を出しています。

・危険な児童労働に従事する子供（2016）
世界　七三〇〇万人（全児童労働者の約半数）
アジア太平洋圏　二八〇〇万人
南北アメリカ　六六〇万人
サハラ以南のアフリカ　三二〇〇万人

つまり、児童労働者の半分以上が、こうした危険な仕事につかされているのです。

私自身、社会制度の整っていない国で子供が安全な労働をすることは、ときにはやむをえないケースもあると思っています。現地の人々の間でも、そのような認識はあるでしょう。

しかし問題は、児童労働がそうした安全な仕事だけでなく、危険な仕事をも含んでいるということです。社会的立場の弱い子供が、半ば強引にそうした仕事を課せられ、死と隣り合わせの生活をしているのです。

これから先は、こうした児童労働の闇の側面に光を当ててみたいと思います。とりあげるのは、「不発弾の回収業」「鉱山での労働」「売春」の三つです。

不発弾を売る

まず見ていきたいのが、不発弾の回収業です。

戦争には鉄が多くつかわれます。爆弾、軍用機、戦車、銃などほとんどのものが鉄からつくられています。そのため、戦争が終結すると、それらが鉄クズとして大量に残ることになるのです。

こうして生まれる鉄クズでもっとも分量が多いのが不発弾でしょう。爆弾というのは落とされても爆発せずに不発弾として残ることが少なくありません。たとえば世界で広くつかわれたクラスター爆弾は、五％から三〇％が不発弾であるといわれています。雨季で地面が濡れていたり、砂地だったりすると、それだけ爆発する確率が少なくなる。こうした爆弾は、一つにつき数十キロから数百キロ、ときには何トンという重さになります。そう考えると、戦争によって、どれだけの鉄クズが生まれるか想像できるのではないでしょうか。

こうした不発弾を集めて、鉄クズとして業者に売るのが不発弾の回収業です。子供がその仕事をしていることが多く、ソフトボールぐらいの爆弾なら数百円、一メートル以上もある不発弾なら数千円から数万円という値段で取引されます。業者は買い取った鉄クズを、溶かして加工することで、再利用するのです。

ただ、子供たちの仕事は、不発弾を拾って終わりというわけではありません。不発弾を分解して爆発しないようにしてから業者に持っていかなければならないのです。業者は爆発しないよう処理されたものしか買い取らないため、子供は見よう見まねで爆弾の分解作業をするのですが、その過程で暴発させてしまい、死んでしまったり、大怪我をしたりします。非常に危険な仕事なのです。

では、子供はなぜこうしたことをするのでしょうか。生活のためだとか、だまされてだとか理由はいくつもあげられますが、私の感覚では半数以上の子供たちは自らの意思でもって不発弾の回収をしていました。

大人たちは不発弾の危険性を知っているので、あまり触ろうとはしません。しかし、子供たちはその知識が少なく、目の前に現金になる宝がゴロゴロと転がっているように考えます。これを拾って売りさえすれば、父や母が一年間大変な思いで農作業をして稼ぐ額の現金を手に入れることができる。今すぐにでも貧困から抜け出せるんだ。そう考えて、不発弾の回収業をするのです。

鉄クズ成金

カンボジアの田舎の村でそんな子供に会ったことがあります。彼が住んでいる村のすぐ裏の森には、地雷が大量に埋まっていました。そこは一時戦場になったこともあり、不発弾や爆破されたトラックなど大量の鉄クズが転がっていました。すでに多くの人たちが地雷で死んだり、足を失ったりしていたので、村の大人は近づきたがりませんでした。

しかし、一人の子供だけは誰に強いられたわけでもないのに、毎日のように地雷原に立ち入り、鉄クズを拾っては、近くの工場に売りさばいていました。儲かるときは、一日で数千円になることもあったようです。まだ一四歳の男の子です。一体、なぜそんなことをするようになったのでしょう。

私は路上で会った際に、その疑問を投げかけてみました。彼は答えました。

「僕はこの貧しい村を出ていきたい。ずっと、お父さんのようにひもじい生活をして村に留まるのは嫌なんだ。町へ行って、バイクに乗ったり、音楽を聴いたり、美しい女の子と付き合ったりしてみたい。こんな村で育った僕がそれをするためには、地雷でも何でもかき集めてお金をつくるしかないんだ。もう一年働いてお金を貯めたら、親に内緒で村を出ていって、町で新しい人生をはじめるつもりだよ」

途上国の子供を見るとき、私たちはなぜか「貧しくとも、立派に生きる子供」というフィルターをつけてしまいます。だから、ついつい、彼らは家族を助けるために命の危険を冒してまで働いているんだ、などといい方向に考えるのです。

無論、そうした子供はたくさんいます。でも、そうではない子供も同じぐらい、いやときにはそれ以上いるのです。たとえば、一四、五歳の男の子にとって、バイクに乗って、女の子と遊びたいという衝動を抱くのは当然でしょう。それをするためには、どんな危険だって冒そうとする子もいるはずです。ある意味、思春期の男の子としては「真っ当な考え」だといえなくもないのです。

実際、危険な仕事をしたおかげで、「成功」の道を歩むことになった人も少なくありません。カンボジアのこの村から徒歩で一時間ぐらい行ったところの小さな町で、そんな男性に会ったことがあります。彼は、きれいなレストランを経営していました。村で生まれ育ち、冒険を求める外国人観光客に地雷原を案内したり、鉄クズを売ったりして得たお金で店を建てたのです。いわば、「鉄クズ成金」です。

村の子供たちの中には、この男性を慕って毎日村から遊びにくる子もいました。彼の成功譚に憧れていたのです。自分も鉄クズさえ集めれば、こんな成功者になれるのだと思っていたのでしょう。村の大人たちは彼を反面教師と見なしていましたが、一部の子供たちにとっては憧れの的でした。

子供の一人は次のように語っていました。

「あの人は勇気があるからお金持ちになれたんだ。今だって、遊びに行けばお腹一杯ご飯をご馳走してくれる。地雷は怖いし、自分が同じことができるかどうかわからないけど、あの人のように偉大な人間になりたいと思う」

たしかにその大人は儲けたお金で貧しい子供たちにご飯を食べさせたり、医療費を肩代わりしたりしていました。とくに、ストリートチルドレンのような子供たちにとっては尊敬すべき成功者だったのです。

これを知ったとき、もし私が貧しい子供の立場だったら、同じように男性の真似をしたいと願っても不思議ではないと感じたものでした。みなさんだったら、どうでしょうか。

反政府組織の下で

次に見ていきたいのが、鉱山などでの労働です。先に記したように、岩山を掘る作業は大きな危険がともないます。しかしこの労働の危険性は、そうした側面だけに留まらないのです。

治安が不安定な国では、鉱山などの天然資源が反政府組織に握られていることがあります。有名なのが、かつてシエラレオネであった武装組織によるダイヤモンド鉱山の支配でしょう。武装組織は鉱山を占拠し、そこで大量の子供を雇ってダイヤモンドを採掘していたのです。

あまり知られていませんが、ダイヤモンドはルビーなど他の高級な宝石に比べると産出量が非常に多いものです。つまり、本来ダイヤモンドはルビーなどよりも希少価値は少なく、はるかに安く市販できるはずのものなのです。それなのになぜあれだけ高価な値がつくのかといえば、デビアス社というダイヤモンド市場を実質支配してきた企業の巧みなマーケティングに基づく戦略によるものです。「ダイヤモンドは永遠の輝き」「婚約指輪は給料の三カ月分」といったコピーを打ち出し、ダイヤモンドの価値を現実以上に引き上げたのです。

そのため、武装組織が採掘するダイヤモンドの価格もはね上がりました。武装組織はダイヤモンドの原石をディーラーを通して世界中にばらまくことで多額の現金を手に入れたのです。そしてその現金が戦争をするための軍事資金になり、長年にわたりたくさんの人たちを死に至らしめてきた。これが「血のダイヤモンド（ブラッド・ダイヤモンド）」と呼ばれ、世界のダイヤモンド取引の闇となってきたのです。

似たようなことは、アフリカの金山や銅山、それにレアメタルが採掘できる鉱山においても当てはまります。反政府組織が一部の鉱山を支配し、そこで子供たちを奴隷のようにつかって労働を強いているのです。子供たちにとっても、地方では仕事がないため、そうしたところで働くしかないという現実もあります。

こうした労働は物理的な危険以外に、子供を紛争に巻き込んでしまう危険性も備えています。たとえば、アフリカにあるコンゴという国でゲリラ組織に属していた元子供兵に会ったことがあります。彼はもともと鉱山の採掘現場で働く児童労働者でしたが、そこで反政府組織の兵士と知り合って子供兵として働くことになったのです。彼は次のように自身の体験を語っています。

「鉱山の採掘現場では、二年ほど働いたよ。お給料は月に五〇〇〇円ぐらいだったけど、まかないがあるので生きていけた。ただ、毎日朝から晩まで働いて五〇〇〇円というのはとてもつらかったね。ある日、仲間から一つの話を聞いたんだ。組織の兵隊になれば、月に三〇〇〇円もらえて、もっといいご飯を食べられたり、服を着られたりするのだ、と。採掘現場には大人の兵士がいたので、僕は兵士として働かせてくれるよう頼んだ。そしたらその日のうちに、軍服を着せられ、兵士になったんだよ」

朝から晩まで固い岩を掘る仕事をつづけることに比べれば、銃を持って兵士になることでたらふくご飯を食べられるようになった方がマシと考える子供は少なくありません。つまり、児童労働の現場が子供兵をリクルートする場所になっているという現実もあるのです。

厄介なのが、こうした反政府組織がかならずしも「悪」ではないということです。政情不安定な地域では、武装組織こそが現地の治安を守っていたりすることがあるのです。

たとえば、武装組織が地元のギャングの横暴を押え込んでいたり、何もしない汚職まみれの政治家を引きずり下ろして国を再建しようとしていたりすることがあります。そうなると、子供たちにとって反政府組織は希望の星であり、そこに加入するのは名誉なことだったりします。こうした状況下で生きる子供が反政府組織へ加入するのを、どうして引き止めることができるでしょう。そこに問題の複雑さがあるのです。

児童労働を話題にするとき、避けて通れないのが売春の問題です。児童労働といっても子供ができることなどたかが知れています。基本的には、大半の労働は大人がやった方が生産性は高いものです。

ところが売春だけはそうとは限りません。若い売春婦の方が大人の売春婦よりずっと稼げるということが多々ある。また特別に高度な技術が必要とされるわけではありません。生まれもっての美貌があればお客はどんどんつく。だからこそ、犯罪組織などはそれを利用しようとするのです。児童労働のなかで売春が特異な地位を占めているのはそのためだといえるでしょう。

ＩＬＯは、売春やポルノに携わっている児童労働者の数を、世界で一八〇万人としています。ただしこの数は、売春宿に勤めるなど主に専業として性産業にかかわっている子供の数です。先述したエジプトのジュース売りの少年がたまに行う売春など「副業」として売春をしている子供の数を含めれば、さらに増えるはずです。

ともあれ、ここでいう児童労働としての売春とは、家族の家計を支えるために行われるものです。子供たちはどのような過程を経て売春をするのでしょうか。主なきっかけは次の通りです。

1　家族がブローカーなどを通して娘を売る。
2　娘が家族のことを考え、自ら売春をするようになる。
3　家政婦やウエイトレスの業務のなかで売春を強要される。

これを順番に見ていきたいと思います。

親が我が子を売る

1は、家族が家計の足しにするために、ブローカーを通して子供を売春宿に売るケースです。

ここで注意しなければならないのは、両親が子供をブローカーに預ける場合、そのほとんどが売春だと知らずに行っているという点です。売春だとわかっていてブローカーに預ける親は滅多に存在しません。ブローカーによって「家政婦の仕事だから安心しろ」とだまされていたり、あるいはそうした言葉に一縷の希望をかけたりして娘を渡しているのです。

印象的だったのは、タイで出会った父親です。ある日、彼はケガをして働けなくなり、家族を養うことができなくなりました。そんなとき、ブローカーがやってきてこう誘ったのです。

「娘を私に預けないか。町にウエイトレスの仕事がある。娘をその仕事につかせれば、月に三〇〇〇円は入ってくるぞ」

父親は悩んだ末に、ブローカーの言葉を信じて娘を差し出しました。家庭を守るには、その男を信頼するしかなかったのです。その後、娘はいくばくかのお金と引き替えに町につれていかれました。

村の人たちは父親を批判しました。「あのブローカーは人買いだろ。なぜ娘を渡したんだ」と。父親は必死に反発しました。

「あの男は信頼できる人間だ。人買いなんかじゃない。うちの娘はウエイトレスとしてちゃんと働いているんだ」

父親には家庭崩壊を招かないためにも娘を売るしか選択肢はありませんでした。だからこそ、ブローカーの言葉を信じようとしていたのでしょう。

後日、私が町へ娘に会いに行ったところ、彼女は売春宿で働いていました。ウエイトレスの仕事というのは嘘だったのです。しかし、彼女は決してそのことを父親に言いませんでした。ウエイトレスをしていると嘘をついていたのです。その理由を、彼女は次のように説明しました。

「村の人は、みんな私が売春をしていると思っている。父親もどこかでそうだろうと気づいている。けど、父親はそれを認めたくない。認めたら最低の人間になってしまう。私は父親のためにも売春をさせられているとは口外できない。もしそんなことを言ったら家庭が壊れてしまう。家族のためにも、私は売春をしていることは黙っていなければならないし、父親もウエイトレスをしていると信じつづけなければならないの」

この親子に限らず、親が娘をブローカーに預ける場合は、ほとんどがこのようなケースだといえるでしょう。私が見てきたなかで親が初めから承知していて我が子に売春を強いるのは、親自身が売春をしている場合、もしくは親が違法ドラッグなどの薬物依存症で善悪が認識できない状態にある場合が大半です。前者であれば売春を否定することは自分を否定することになってしまいますし、後者であれば理性が完全に吹き飛んでいます。逆にいえば、そういう状態にならない限り、大切な我が子に売春をさせるということはなかなかないのです。

次に、2を見ていきましょう。こちらは、子供が自分の意思で売春を選択するケースです。

子供が自ら実家を離れて売春をすることは少なくありません。農村でいくら働いても収入など大した額にはなりません。家族を支えるだけの額を稼ごうとしたり、人並みの生活をめざしたりしたら、女の子にできるのは売春ぐらいしかないのです。

私は売春をしないに越したことはないと思っていますが、すでにその世界に足を踏み入れてしまった人を頭ごなしに批判するべきではないと考えています。ただ、自分で売春を選んでいても、嫌々ながらやっているという子供はもちろんいます。

町で物売りをしている女の子の大多数は、売春をしたくないと思っています。だからこそ、儲からない物売りの仕事をしているのです。ところが、この仕事ではまったく収入が得られない時期もあります。そんなとき、子供は家に入れるお金を手に入れるために体を売ることがあるのです。

方法はいたって簡単です。インドネシアのジャカルタの場合、女の子は物売りなどでまったく稼げないと、ある特定のデパートへ赴きます。このデパートの何階に売春婦が集まる場所があるというのが地元の人たちの間で暗黙のうちに知られているのです。男性客はそこへやってきては目ぼしい女の子に声をかけて値段交渉をし、その後親子を装ってホテルへ向かう。ジャカルタのような大都市の場合はデパートですが、それ以外の地方都市だと決まった通りがあり、そこに体を売りにくる女の子が集まるのです。

これは男の子の場合でも同じです。パキスタン、イラン、アフガニスタンのようなイスラーム教の厳しい国では、女の子が一人で外を出歩いて男性に声をかけることは許されません。そこで、物売りの男の子が大人の男性相手に公園など決まった場所で体を売るのです。

パキスタンのペシャワールという町では、そういう男の子たちは芝生のきれいな公園に集まっていました。大人の男性は彼らを物色して、値段交渉がまとまると、近くのゲストハウスや空き地で性行為をする。大人の方も女の子をつれ歩いていると不審がられるので、わざわざ美男子の男の子を選んで性欲を晴らそうとするのです。もしこの話に興味があれば、『神の棄てた裸体』という本に詳しいことを書きましたので、ご参照いただければと思います。

ただ、子供たちもたくみなもので、売春における悪知恵があるというのを聞いたことがあります。女の子にしても、男の子にしても、当然年端のいかない子ばかりですから、性行為に痛みしか感じないケースが少なくありません。挿入しないならば挿入しない方がいいわけです。

そんなとき、子供たちは野外で性行為をすることを求めるそうです。子供が立ったまま木にしがみつき、後ろから挿入してもらうのです。ところが、ここでうまい方法があるらしく、片手を股からだして、膣、もしくは肛門の形状にし、そこに性器をこすってもらうようにするのだそうです。暗いので、大人の側からすると、膣や肛門に入れた感覚とまったくかわらず、気づかぬまま射精してしまうのだとか。

私はこのことをパキスタンやインドのストリートチルドレンから聞いたのですが、最初はまったく信じていませんでした。彼らがプライドを守るために、そんな嘘をついているんだろうなと思っていたのです。

ところが、日本で七〇歳になるニューハーフの人に出会い、いろいろ聞いたところ、そうしたテクニックは日本でも古くからあるそうです。「レンコン」といって、同じように手を肛門の代わりにして射精させるらしいのです。売春をしている男性たちが、自らの体を傷つけないように考え出した妙技だそうです。おそらく、海外のストリートチルドレンたちがやっていたのも、この「レンコン」と同じ技だったのでしょう。

強要される性行為

最後に見る3は、いわゆる売春ではありません。一般業務のなかに性的行為が強制的に含まれてしまうケースです。

男の子は肉体労働につくことが多いですが、女の子は体力がないぶんサービス業につくことが目立ちます。お店のウエイトレス、お金持ちの家庭での家政婦、あるいはその他雑用係です。

こうしたサービス業は住み込みで行われることがほとんどです。部屋を与えられ、基本的には朝起きてから寝る直前まで仕事をさせられます。お給料は数百円から数千円と低いですが、食事と寝場所は提供されるので、給料の大半を家族への仕送りに回すことができる。

ところが、雇い主の一部は当然のように従業員の女の子に性的な行為を強要する人がいます。女の子の側からすれば、食事や寝場所を提供してもらっているため、拒んでも逃げる先がありません。そこで、渋々強要に屈するしかなくなってしまいます。

途上国では、こうしたことが珍しくありません。表向きは一般的な児童労働なのですが、中身は売春なのです。逃げ場がなく、給料が安いぶんだけ、実際の売春よりたちが悪いといえるでしょう。

このようなことを強いられている女の子のなかには、「いっそのこと売春をした方が割に合っているのではないか」と考える子もいます。どうせ連日のように性行為を求められるのならば、売春婦として高給を取った方がいい、と。

かつて、エチオピアにある売春婦が集まるバーの従業員が次のようなことをはなしていました。

「少女売春婦は、田舎から出てきていきなり売春をはじめるわけじゃない。最初は家政婦として働くんだ。彼女たちはそこでひどい性的暴行を受けて逃げ出す。けど、そこから先の行き場所がなくなるだろ。貧しい田舎に帰るわけにもいかないし、よそで働いても同じように性行為を強要されるのがオチだ。そこで、いっそう体を売った方がマシだと考えて売春婦になることが多いんだよ」

家政婦として雇われているのに、主人に足もとを見られて性的暴行をくり返されるぐらいなら、売春婦になってしまおうと考える気持ちはわからないでもありません。

彼はこうもつづけました。

「売春婦になれば、それなりに儲かるよ。一六歳以下の若い子なら一晩に三〇ドルぐらい稼げる。金さえあれば、外国に移り住むことも、店を開くことも、家族を助ける

 こともできる。思い切り着飾ることだってできるだろうよ。家政婦のまま月に一〇ドルを稼ぐか、売春婦として成功の道を切り開くか。彼女たちがどっちを選択するかは明らかだろ」

これを聞いたとき、もし私が女の子の立場なら売春婦になることを選ぶかもしれないと思ったものです。

エチオピアの首都アディスアベバのバーで、私はこのように成功した売春婦に会ったことがあります。その女性はラミラという名前でした。ラミラは週末になると派手な赤いコートを身にまとい、売春婦が集まるバーに車でやってきます。ボディーガードの男性が二人かならず傍にいます。売春で手に入れたお金で市内に何軒も美容室を開き、かなり収入を得ているそうです。三〇代の半ばぐらいでしょうか。

彼女はバーにあるＶＩＰ席につくと、店に出入りしている売春婦と一人ずつ話をしていました。売春婦たちは身ぶりをまじえながら、悩み事を訴えます。妊娠したんだけど中絶するお金がない、とか、実家の親が病気で倒れてしまったらしくて帰省したい、などというのです。ラミラは煙草を吸いながら親身になってそれを聞き、ときには相談してきた売春婦にいくばくかのお金を握らせていました。

「このお金で帰省しなよ。親に今の仕事の話はしちゃ駄目だよ。その代わり、もし売春から足を洗えるようになったら、うちの美容室で働きな」

そんなことを言って売春婦たちの悩みに応えてあげる。売春婦たちは成功者であるラミラのことを「理想の先輩」として尊敬し、慕っていました。いつか自分もああいうふうに成功して、売春から足を洗うのだ、と。

後日、私はラミラと話をする機会を得ました。バーの従業員に紹介してもらったのです。私がなぜ見知らぬ売春婦たちを助けているのだと訊いてみると、彼女は笑いながら答えました。

「女の子はいろんな事情があって売春をしているの。私だってそうだった。働いていた先で何年も性的暴行を受けつづけ、悩んだ末に自分の意思で売春婦になることに決めたの。まだ一四歳のときだった。それから一〇年近く一生懸命働いてお金を貯めて、今のお店を開き、成功した。私はそんな自分の過去を否定したくない。自分で決めて、自分でやって、自分で成功したことに誇りをもって生きていきたい。だから、私は過去を隠して生きるつもりはないし、ここにいる売春婦たちに『私のように成功して』って言ってあげたいの。今の仕事を恥ずかしがるのではなく、自信をもって成功につなげればいいってことをみんなに教えてあげたいのよ」

きっと、彼女にとって売春婦だった過去は一つのアイデンティティーになっているのでしょう。その過去を大切にしたいと思うからこそ、成功した後もわざわざバーに出入りして過去を語っているのです。

これがいいことかどうかはわかりません。ただ、そういう人生があり、彼女によって多くの少女売春婦が助けられているのもたしかです。そして、彼女もそうすることによって今の自分に自信を抱いている。

児童労働、あるいは児童売春はなくしていくように努めていくべきです。けれど、それをせざるを得ない人々もいるわけで、彼らはできる範囲で、よりよい状況をつくりだそうと懸命に努力しているのです。今すぐに児童労働をなくすことが現実的に難しい以上、頭ごなしにすべてを否定するのではなく、彼らの立ち位置や感情、それに努力といったものを認める視点を持つことも大切ではないでしょうか。

第三章

無教養が生むもの、奪うもの

途上国と聞いて、小中学校への就学率が非常に低いイメージをおもちの方もいるでしょう。実態は、国によってかなり差異があります。途上国のなかでも最貧国と呼ばれる国は七割以下に陥っていますが、フィリピンやエルサルバドルなど最貧困とまではいえない国では九割以上になっています。途上国でもよほど国が荒廃していない限り、大半の子供は初等教育を受けているのです。

ただし、これが中等教育となってくると、途上国全体でガクンと就学率が落ちてきます。

途上国の貧しい家庭では、初等教育までは受けさせるものの、それ以降は働かせるという傾向がよく見られます。とりあえず、読み書きと計算だけ身に付けさせ、それ以降は家族のために働いてもらうのです。

とはいえ、親も教育の大切さを知っています。家庭の余裕に応じて、一部の子供だけを中学校に進めさせることもあります。たとえば、五人いれば二人の子供を中学校に通わせ、それ以外の子供には働いてもらうということがあるのです。

たとえば、フィリピンのスラムでは子供を小学校までは通わせるのですが、それ以

	初等教育就学率
南スーダン	31%
エリトリア	39%
ジブチ	53%
スーダン	54%
赤道ギニア	56%
マリ	56%
ニジェール	62%
シリア	67%
ブルキナファソ	69%
中央アフリカ共和国	71%
ソロモン諸島	71%
セネガル	71%
パキスタン	74%
マーシャル諸島	77%
コートジボワール	79%
日本	100%

●初等教育就学率

降は親がどうするかを決めます。興味深いことに、ほとんどの親が息子には物売りなどの仕事をさせ、娘だけ学校に通わせていたのです。事実、統計に照らし合わせても、フィリピンの中等教育における男女の就学率は「男五八％　女七〇％」と女性の方が高くなっています。

一般的には、男の子こそが将来性を考慮されて教育を受けさせられ、女の子の方が仕事をさせられるというイメージがあります。私自身そう思っていましたから、この現実を目の当たりにしたときは意外でした。そこでスラムの大人たちに理由を尋ねたところ、次のような答えが返ってきました。

「フィリピンの貧しい家庭は、出稼ぎに行く人たちからの仕送りで成り立っているんだよ。女の子は一〇代の後半になるとアジアでダンサーとして働いたり、中東で使用人として働いたりしてお金を稼ぎ、それを家に仕送りする。そのお金があるからこそ、どの家庭もなんとかやっていけるんだ。もし女の子がまったく勉強ができず、海外に出稼ぎに行けなかったらどうなると思う？　家計は成り立たなくなってしまうだろ。そこで、親は息子より娘を稼ぎ頭と見なして教育を受けさせようとするんだ」

たしかにフィリピンの貧しい家庭は海外からの送金で成り立っています。この国のＧＤＰの一割は出稼ぎ労働者からの送金なのです。

海外へ出稼ぎに行くには、それなりの英語力をはじめとした教養が必要になってきます。男性の場合は肉体労働なのでそれほど必要としませんが、女性はサービス業につくことが多いために現地の人たちとコミュニケーションをとる必要性がある。そうしたことを見越して、貧しい家庭では息子より娘に教育を受けさせる機会を与えていたのです。

このように中等教育の就学率を男女別にわけてみてみると、その地域や国の特性が出てきます。一例として次のページの「男女別の中等教育就学率」の表をご覧ください。

中南米のアルゼンチンやジャマイカでは、フィリピンと同じように女の子の中等教育就学率が高くなっています。これは早くから男の子に家業の手伝いなどをさせるためだと考えられます。

一方、女性差別がまだ残るアフリカ、中東では女の子の就学率が大幅に下がります。女の子は自立を目指すより、家事をしっかりこなして家のためにつくすべきという考え方が根付いているためです。特にイエメンのような保守的で貧しいイスラーム国にはそれがいえるようです。

中南米

	男	女
アルゼンチン	81%	89%
ジャマイカ	68%	78%

アジア

	男	女
カンボジア	44%	49%
ラオス	55%	57%

アフリカ

	男	女
ジブチ	44%	37%
中央アフリカ	16%	9%

中東

	男	女
イラク	45%	32%
イエメン	47%	34%

●男女別の中等教育就学率

人格をゆがめる可能性

途上国において学校へ通うことができないというのは、大きくいって次のような二つのデメリットを子供にもたらします。特に初等教育を受けられなかった子供にはそれが当てはまります。

1　社会に順応できなくなる。
2　公用語がわからず、意思の疎通ができなくなる。

それぞれどういうことか考えていきましょう。

まず1についてですが、これは人間形成において非常に大きな障害になります。途上国で初等教育が受けられない子供は、日本人のように家に引きこもって親のスネをかじって暮らしているわけではありません。物心ついたときから大人と一緒に働かされるのです。第二章で見たように、いい場所で働けるのならともかく、劣悪な環境での労働を強いられると人間形成に大きな悪影響を及ぼします。

アフリカのザンビアにある鉱山を訪れたとき、それをつよく感じたことがありました。鉱山では、小学生ぐらいの子供たちが大人の男たちにまじって汚い地べたで寝泊まりしながら、仕事をしていました。朝から晩まで採掘した鉱石を運ぶのです。ここでの生活は明らかに荒んでいました。仕事が終わると、子供たちは大人の労働者と一緒に森で栽培したマリファナを吸ったり、男同士の性交を強要されたりします。そんな生活が、連日つづくのです。物心ついたばかりの子供がそんな生活を送っていれば、人間形成に悪影響がでるのは当然です。

また、路上の物売りについても同じことがいえます。親と一緒に安全な場所で新聞売りをしているならともかく、治安の悪い地区で子供たちだけで廃品回収などをしていれば、いやおうにも地元のギャングや悪い大人とかかわることになる。薬物の売買を手伝わされたり、縄張り争いの暴力に巻き込まれたり、食べるために体を売ったりしなければならなくなる。一度こうした体験をしてしまった子供が、学校教育などをまったく受けぬまま自力で更生し、一般社会に溶け込んでいくのは至難の業です。

おそらく、こうした子供たちが社会の一員に成り上がるには、スポーツや音楽など特別な才能を活かすしかありません。南米やアフリカで貧しい人間が成功を収めるには、サッカー選手として活躍するしかないなどといわれることがありますが、そういう現実もある。

ただし、こうした天賦の才を持つ人たちですら、無教養が邪魔をして才能をつぶしてしまうことが多々あります。たとえば、ブラジルはサッカー王国と呼ばれ、同国の代表選手には、貧困層から這い上がってきた人もたくさん交ざっています。でも、こうした選手の一部は、幼いころにちゃんとした教育を受けてこなかったために常識が欠落し、チームの一員として生きていくことができません。

たとえば、ギャングが支配するスラムで生まれ育ってきた選手のなかには、感情を抑える術を知らずに、監督やチームメイトと口論したときに怒りに任せて凶器で相手を襲ったりする人もいます。感情の赴くままに行動してしまうのです。また、幼い日に、ギャングや薬物中毒の親から受けた虐待がトラウマとなって残り、精神を病んでしまっている人もいる。良識のある大人の下で教育を受けてこなかった人には、社会性が丸々欠如してしまっていることがあるのです。

一部のチームは、こうした選手を矯正するための施設やカウンセラーを持っています。練習が終わった後に一般教養を学ばせたり、個別のメンタルケアを受けさせたりする。ブラジルの代表チームも、そうしたことを踏まえてメンタルケアを担当する専門家が随行することがあります。こうしてみると、途上国で初等教育を受けられないことが、どれほど大きな影響を子供に与えるかがおわかりになるのではないでしょうか。

地元の人たちも、子供たちに教育を受けさせることの重要性を熟知しており、NGOや良心的な地元の大人たちは彼らのために「青空学校」を開いています。たとえば、ザンビアの鉱山にもそうしたものがありました。地元の村の大人たちが、週末だけ子供たちを集めて勉強を教えていたのです。子供たちは任意で集まり、きちんと地面にすわって読み書きや計算などの授業に聞き入っていました。

興味深いことに一部の先生は勉強を教えず、子供たちとゲームをしたり、手品を見せたりしていました。私がその先生にどうして勉強を教えないのかと尋ねると、次のような答えが返ってきました。

「青空教室では勉強を教えてはいるが、学力がどれだけ身につくかなんて問題じゃないんだ。ここで重要なのは同じ年代の子供たちだけで集まり、誰がどんな考え方をしていて、どういうふうに接すればいいかという集団生活のイロハを学ぶことなんだ。意見が割れたときにどうすればいいのか。人が困っていたら何をするべきなのか。自分の考え方をうまく人につたえる方法はあるのか。そうしたことを身に付けることが大切なんだよ」

勉強は後からでも間に合うけど、人格や社会性はそうではない。

大人たちはこうしたことを熟知しているからこそ、様々な機会をつくっては集団生活に適応することへの大切さを一生懸命に教えようとします。社会性を身につけていれば、困窮していても、第一章で見てきたようなコミュニティー内の助け合いが可能になり、仲間同士助け合いながらの労働が可能になります。そしてそれこそが、貧しい人々が困難な環境を生き抜くのに重要なのです。

公用語のしゃべれない子供たち

初等教育の欠如が引き起こすもう一つの弊害は、意思の疎通に必要な公用語を身につけることができないということです。

日本人にはなかなか想像しにくいかもしれませんが、途上国の多くは多言語国家です。日本にもアイヌ語や琉球語といった、いわゆる標準語とはまったく異なる言語が存在します。けれど、島国であり、メディアが普及しているため、現実には方言と標準語とではそこまでの違いはありませんし、仮に違ってもほとんどの人が標準語を解すことができます。

一方、途上国では状況が異なります。一つの国に何十という民族がひしめき、まったく異なる言語や宗教を持っています。国によっては一〇〇以上の言語があり、しかもそれぞれの言葉はお互いが理解できないほどの違いがある。

この場合大体どの国でも、「公用語」というものが定められています。最大民族の言語だったり、以前植民地支配していた国の言語（英語、フランス語など）だったりするのです。面白いのは、公用語が複数あったり、公用語に加えて別の言葉が「準公用語」としてつかわれたりしているケースです。テレビや庶民の会話では「公用語」がつかわれ、政治やビジネスの場面では別の言葉が使用されたりするのです。

たとえば、インドの場合、テレビや映画などでは公用語であるヒンディー語がつかわれていますが、政治などでは英語が使用されています。ケニアでも同じようにスワヒリ語と英語が公の場でつかいわけられています。

では、その言葉をどこで学ぶのかといえば、小学校や中学校の授業です。そのため、学校へ通わなかった子供は公用語や準公用語を上手にはなすことができず、社会に適応することが難しくなってしまいます。家庭内でつかわれている自分の民族の言語しか知らないため、町で人と会話をしたり、新聞やテレビから情報を得たりすることができなくなってしまうのです。

こういう子供たちは社会的に孤立しやすくなります。外部の人とつながりを持てないため、同じような立場の人たちと群れることしかできません。そうなれば、社会と

インド
ヒンディー語、タミル語、テルグ語、カンナダ語、ベンガル語、マラヤーラム語、英語 など

インドネシア
ジャワ語、マレー語、スンダ語、マドゥラ語、バタック語、ガヨ語、ランプン語、アチェ語、バリ語 など

ペルー
スペイン語、ケチュア諸語、アイマラ語 など

フィリピン
英語、タガログ語、イロカノ語、標準ビコル語、ヒリガイノン語、サマル・レイテ語、セブアノ語 など

アフガニスタン
パシュトー語、ダリー語、ウズベク語、キルギス語、ペルシア語 など

南アフリカ
英語、アフリカーンス語、ンデベレ語、北ソト語、スワティ語、ツォンガ語、ツワナ語、ベンダ語、コサ語、ズールー語 など

●ひとつの国で多言語を使用している例

の断絶はますます大きくなり、貧困が増大してしまうことになるのです。

一例として、ケニアの首都ナイロビでの体験を紹介しましょう。ナイロビはサハラ以南の都市では二番目に大きな都市です。その中心であるシティーセンターという地区は通称「タウン」と呼ばれ、高層ビルが立ち並び、銀行やブランド店がひしめいています。物価などは先進国とさほど変わりません。このタウンでつかわれている言語は、通常英語です。オフィスでの会話、タクシー運転手との会話、レストランの従業員との会話など、ほとんど英語で行われます。看板やメニューの表記も英語です。

ところが、ケニヤッタ通りという、一本の道を越えると、そこは「ダウンタウン」と呼ばれる地区になり、ビルは姿を消し、汚れた雑貨屋や工場がどこまでもつづきます。アスファルトには穴が空き、赤土がむき出しになっています。また、あちらこちらでシンナーを吸うストリートチルドレンやホームレスの姿も目につきます。

ダウンタウンは、中産階級から下層階級までが住んでいる地区です。ここでは、英語はほとんど通じません。代わりにつかわれているのが、東アフリカで広くはなされ、ケニアの国語ともなっているスワヒリ語です。異なる民族の人たちも、スワヒリ語でもって意思の疎通をしているのです。

ダウンタウンをさらに奥へ進むと、小さなバラックが何百、何千と密集するスラムにたどり着きます。広大なスラムもあれば、数十人しか住んでいないようなスラムもあります。大きなスラムの一部の区域や小さなスラムには、隣国や地方からやってきた難民たちが居を構えているような場所もあります。そういうところではスワヒリ語ではなく、それぞれの民族の言葉がつかわれています。英語もスワヒリ語もろくにしゃべれないため、同じ民族で集まってすべてを完結させてしまっていることもあるのです。

取材でガイドを雇って現地のスラムを巡っていると、言語の障壁にぶつかることがしばしばあります。ある小さなスラムに入ろうとすると、ガイドが突然立ち止まって、申し訳なさそうに言うのです。

「この道から向こうの町では、言葉が通じないんだ。北の方から来た経済難民が多く暮らしていて、自分たちの言葉で話をしている。みんな、学校へ行っていないから英語もスワヒリ語もできない。申し訳ないけど、僕ではこれ以上案内することができないよ」

貧しい人たちが同じようなことを言うケースもあります。廃品回収をしている人にくっついて歩いていると、ある道を絶対に越えようとしないことがあります。向うへ行けばお金になる廃品が拾えることが明らかでもそうしないのです。わけを尋ねると、彼らはこう口をそろえます。

「僕は学校へ行ってないから、ここから先ではなされている言葉がわからないんだ。だから、向こうには行けないんだよ」

くどいようですが、同じ国の、同じ町の中での話です。しかし教育の有無によって、人によってはいくつもの「外国」があるように感じてしまう。町のなかに、目に見えない国境線が縦横無尽に引かれているようなものなのです。

こうして考えると、学校へ行って読み書きを習うということがどれほど大切かわかるでしょう。日本人が小学校で漢字を勉強するのとは意味が違うのです。公用語、あるいは国語という自分の民族のもの以外の言語を学ばない限り、町で人と会話をすることすらできなくなってしまうのです。

興味深いのは、こうした言語の弊害を克服するために、犯罪組織が子供たちに言語教育を施していることです。以前、私はインドのムンバイーの売春宿に泊まりながら取材をしていたことがあります。すると、毎日午後になると、幼い売春婦たちが一つの部屋に集められて勉強をさせられていました。彼女たちは、南インドや東インドの路上でストリートチルドレンをしていたところをつれてこられた子たちでした。

実はこれ、元ストリートチルドレンの教養のない女の子たちに正しいヒンディー語を学ばせていたのです。南インドではタミル語、東インドではベンガル語が母語になります。ヒンディー語とは似ているのですが、ストリートチルドレンとして育った子供たちは教養がまったくなく、ヒンディー語を深く理解することができません。ムンバイーで売春仕事をするためには、正しい言語を習得する必要があります。そのために、地方からつれてこられた売春婦たちは毎日言葉の勉強をさせられていたのです。

売春宿の女将は次のように語っていました。

「売春なんてコミュニケーションがとれなければお客が集まってこないでしょ。だから、セックス云々より先に言葉を勉強させなきゃならないのよ。この子たちだって、ムンバイーで生きていくには、いずれにせよ勉強しなきゃならないんだから」

女の子たちもノートを買ってもらい、必死になって勉強をしていました。売春婦となることがいいことかどうかは別にして、ムンバイーという都市では正しいヒンディー語を学ばなければ仕事をしていけないということを十分わかっていたのでしょう。

売春宿で働くある女の子がこう語っていたのが印象的でした。

「ストリートチルドレンとして生きていたら、一生そのままだったと思う。けど、こうやって売春宿で働かせてもらえれば、言葉をちゃんと理解できるようになれる。そうすれば、どこへでも行けるし、別の仕事だってやれる。何も知らずに路上でゴミを拾っているよりはずっと良かったと思ってる」

ストリートチルドレンのようなまったく教養のない子供にとって言語を身につけるということは、その国の社会に溶け込むことを示しています。言語の習慣は、私たちが想像する以上に切実な問題なのです。

嘘やデマがはびこる社会

世界には、文字の読み書きができない人が八億人ほどいるといわれています。実に、世界の八人に一人が本を読んだり、手紙を書いたりすることができないことになるのです。そして、その六割以上が女性です。

識字率がもっとも低い国の上位八カ国をあげましょう。左のページの「低識字率の国」の表をご覧ください。

ほとんどがアフリカに固まっているといえます。上位の国ですと、国民の七、八割が文字の読み書きができないことになるのです。

文字の読み書きのできない人々は、入ってくる情報量が絶対的に不足しています。また、情報をしっかりと科学的に分析することができません。そのため、農村などではその地に長年つたわってきた迷信にすがりついて生きている人もおり、噂やデマに

1位	ニジェール	15%
2位	チャド	22%
3位	南スーダン	27%
4位	アフガニスタン	32%
4位	ギニア	32%
6位	ベナン	33%
6位	マリ	33%
8位	ブルキナファソ	35%

●低識字率の国

容易に惑わされてしまいます。

途上国の貧しい農村部を訪れると、それを実感することができます。タンザニアの農村に滞在していたとき、身体を壊したことがあります。高熱にうなされ、すさまじい下痢がつづきました。それこそ肛門が外れて飛んでいってしまうのではないかと思うほどの下痢です。

私はゲッソリとやつれてしまい、助かりたい一心で「病院へつれていってくれ」と村人たちに頼み込みました。すると、村人たちが私を運び込んだのは、呪術師の家でした。怪しい老人がやってきて、祈りはじめるのです。「オイオイ、ギャグ漫画じゃないんだから」と思いましたが、老人は真剣に祈っているし、村人も厳しい表情で見つめているし……。結局、苦しみながら最後までお祓いを受け、顔に赤い塗料まで塗られてしまった経験があります。似たようなことは、インドの田舎などでも経験したことがあります。

本でこうした話を紹介すれば、面白いエピソードとして読み流されますが、当事者にしてみれば命取りです。

もちろん、私たち日本人のなかにも迷信を信じている人はたくさんいます。呪術はともかく、体の具合が悪いのを心霊現象のせいにしたりする人もいるでしょう。とはいえ、平均的な日本人ほどの教養があれば、次のように風邪について説明されれば理解することができるはずです。

「風邪とはウイルスが体のなかに侵入することで引き起こされる状態なんだ。だからうがいをしてそれらが口から体のなかに入るのを防ごう。もしそれでも運悪く風邪をひいてしまったら、体内に侵入したウイルスを退治するために薬を飲めば健康な体にもどることができる」

あるいは、妊娠の構造にしても、次のように説明されれば小学生だって理解できるでしょう。

「男と女がセックスをする。すると、男の精液のなかに入っている精子が膣を通して子宮に届くことで妊娠する。もしあなたが子供を望んでいないのならば、コンドームをつければいい。コンドームをつければ、精子はコンドームのなかにおさまり、子宮に届くことがないので妊娠しないからだ」

これは小学六年生ぐらいで学ぶ性教育の内容ですよね。逆にいえば、小学六年生ぐらいの教養があれば情報を整理して飲み込むことができるはずなのです。

ところが、教養のない人たちはそのような説明を論理的に理解することができません。自分たちが信じてきた迷信世界を崩そうとはしないのです。その結果、どのようなことが起こるのか。それを物語るエピソードとして、NGO職員たちの間でよく語られる避妊についての話があります。それが次に紹介する話です。

青空教室で教える避妊法

アフリカにある貧しい農村では、一人の女性が一〇人以上も子供を産むのが普通だ。そのため、母親が出産時に命を落としてしまったり、家庭がさらに貧しくなってしまったりすることがある。村には人口抑制が必要だった。

ある日、欧米のNGOがこの村に入った。彼らは家族計画を広めるために、村の広場に女性たちを集め、コンドームのつけ方を教えた。

「精子を子宮に到達させなければ妊娠はしません。ゆえに、セックスをするときはペニスにコンドームをつけましょう」

NGO職員たちは村の女性たちが理解できるようにペニスの形をした木の模型を取り出し、そこにコンドームをつけてみせた。ここまですれば、彼らも正しいコンドームのつけ方を覚えられるだろうと思ったのだ。

実際、女性たちはちゃんと理解したようだった。目を輝かせてうなずき、NGOの職員から「ためしにやってみてください」と言われると、学んだとおり模型にコンドームをつけた。職員たちは成功を確信し、満足して帰っていった。

数カ月後、NGOの職員は家族計画がうまく行われているか確認するために村へ再調査に行った。すると、村中の木の枝という木の枝に、コンドームが被せられていた。すべて、NGOが無料で配布したものだった。どういうことなのだろう。

NGOの職員は村の女性たちに、なぜこんなムダなことをするのか、と尋ねた。女性は平然と答えた。

「だって、あなたたちが木にコンドームを被せておけば、子供を妊娠することがなくなるって教えたんじゃない？　私たちはそれに従ってやったまでよ」

村の女性たちは、子供は神様が授けてくれるものと信じていた。そのため、NGOの職員が木製のペニスの模型にコンドームをつけるのを見て、それを「避妊のおまじない」だと思ったのだ。このゴムを木にかぶせておけば妊娠することはなくなるのだ、と。そして、もらったコンドームを村中の木の枝につけてしまったのである。

この逸話からわかるのは、まったく教育を受けていない人たちに知識を正しくつたえることの難しさです。しっかり説明したり、実演したりすれば、わかってくれるだろうと思いがちですが、そうではありません。迷信の世界で生まれ育った人は、いくら説明してもその考え方からなかなか脱却することができないのです。

実際、現地に行くと、文字の読み書きのできない人々が、迷信の世界で生きていることを実感することは頻繁にあります。結婚は星占いで決めてしまいますし、虫歯は悪魔の仕業だと考えたりします。同じ空間にいるはずなのに、私の見ている世界と、彼らが見ている世界がまったく異なってくる。もちろん、個人や文化の差によって多少なりともそれはあるでしょうが、教養がまったくないとその差が非常に大きくなってしまうのです。

こうした壁を取り除くのは至難の業です。片方が少し努力して何とかなるものではないでしょう。かといって、立ちふさがる壁をそのままにしていれば、壁の向こうにいる人々はさらに孤立し、信念を曲げようとしなくなる。それが悪いことばかりだとは思いませんが、ときには大事件につながってしまうこともありえるのです。

識字率低下が起こす二つの事件

次に紹介したいのは、文字の読み書きができない人たちの間で起こったといわれる事件です。極端な事例ではありますが、世界で同じような出来事があることを示すために、新聞に載った事例を書き記したいと思います。

■インドの例

インド・ウッタルプラデシュ州郊外のLakhimpur Kheriで二十八日、健康な男児を出産する呪術儀式のため、呪術師が近所の五歳の少女の首を切断して殺害した。地元警察が七月三十日に明らかにした。

呪術師は、相談に訪れた男性に対し「人身御供が必要だ」と語り、相談者らとともに近所の女児を殺害したとみられている。警察は現在、呪術師と弟子、相談した男性の三人を拘束している。

この相談者は、自分の息子らが幼くして死んでしまうことを悩んでいたという。また、兄弟も病に苦しんでいた。そこで呪術師は、問題を解決するには人身御供が必要だと提案した。

三人は少女を野原に連れ込み、儀式を行った後で少女の首を切り落としたという。少女がいなくなっていることに気づいた母親が警察に通報し、警察が首のない少女の遺体を発見した。（AFP、二〇〇九年八月一日）

貧しい家庭では、栄養不良、感染症、事故などで新生児が死亡してしまうことは少なくありません。どの親もそれに直面すれば、気落ちし、何かにすがりたくなるのは当然です。ましてや、なんとか生き残った子供が病弱であるとわかればなおさらでしょう。

しかし、一般の家庭であれば、病に苦しんでいる子供を、呪術師のところにつれて行くより先に、病院の医者に相談します。また、呪術師に「人身御供が必要だ」とそそのかされても、近所の女児を殺すようなことはしないはず。きちんとした思考ができれば、こうした事件は起こりえないのです。

ところが、インドの農村へ行くと、似たようなことは頻繁に耳に入ってきます。「呪術師の言いつけに従って、豊作祈願のために死人の灰を畑にまいた」とか、「ペットの犬を殺して食べれば幸運が訪れると言われてやってみた」とか。今回紹介したのは、殺人事件として大々的に報じられた事件ですが、氷山の下に埋もれた事件はまだまだあると推測されます。

同様のことは、アフリカでも起きています。

■ナイジェリアの例

ナイジェリア第二の都市である北部のカノ（Kano）では、体の一部を切り取ってお守りを作ろうと、子供が誘拐・殺害される事件が増加傾向にあると、地元政府や人権団体が警鐘を鳴らしている。背景には、こうしたお守りを身につけると金持ちになれる、または出世できるという迷信と、人々の「欲」があるという。

地元政府のある役人によると、カノでは、子供が行方不明になったと親が警察に通報するケースが過去三カ月で二倍以上増加した。誘拐される子供の年齢は通常二歳から五歳だという。

ラジオでも、子供が行方不明になったというニュースが頻繁に流れている。フリーダム・ラジオ局によると、行方不明の子供についての情報提供の呼びかけを流す親は過去三カ月で、週に平均五十人。それ以前は週に平均二十人だったというから、大幅な増加だ。

カノにある子供の福祉に関する団体のアリユ・マシ（Aliyu Mashi）氏は、「人々は富や権力を手に入れようと必死になっており、目的を達成するには、黒魔術に使用するために子供を殺すしかないと考えている」と説明する。

アフリカのほかの社会では、アルビノ（先天性白皮症の人）が同様の理由でターゲットにされているが、カノでは子供が狙われやすいという。地元の呪術師たちがお守りとして子供の体の一部を好むのと同時に、貧困にあえぐ親たちがしばしば子供に構わずほったらかしにするという事情もある。

誘拐犯は、こうした子供たちをキャンディーやビスケット、ときには手品を使って、おびき寄せているという。（AFP、二〇〇九年七月七日）

こうして並べてみると、世界各地の貧しい地域で同じような事件が多数起きているのがおわかりになるかと思います。

読者のなかには、「いやいや、新興宗教などでも似たような事件は、日本でも起きているじゃないか」と指摘される方もいるかもしれません。その通りです。そして、日本で同様の事件を起こした人たちは、日本語の読み書きはできたはずです。

一点断っておきたいのが、読み書きができないから迷信を信じて事件を起こすわけではないということです。読み書きができないというのは、世の中で生きるために必要な科学的な教養を身に着けられないということです。そういう人たちは病気などで追い詰められた時、そうでない人と比べて、より迷信などをう呑みにしやすい。もちろん日本でも精神的にギリギリになって迷信を信じる人はいます。ただ、教養がない人の方が科学的な思考ができないため、よりそうしたことに陥りやすいのです。

先日ある大学で海外の迷信についての講義をしたところ、生徒から次のような質問を受けました。

「アフリカへ行くと、マサイなど少数民族が携帯電話をつかっているのを目にします。なぜ、携帯をつかえるのに、迷信を信じているのでしょう。彼らはすでに近代的な思考になっているのではないですか」

携帯電話の普及率は途上国でも高く、民族衣装を着て刀をさした人々が持っていることも珍しくありません。

しかし、彼らが携帯電話を持っているからといって、科学的な思考ができるようになったと思い込むのは早とちりです。携帯電話の操作方法はとても単純ですし、通話相手が同じような人間であれば、彼らのもとに入ってくる情報は以前と変わりません。

これをつくづく感じたのは、エチオピアの少数民族の村へ行ったときのことでした。呪術師の儀式を見学させてもらったのですが、集まった村人たちは熱心に携帯電話をいじっていました。時々かかってくる電話を取りながら、呪術師の霊媒を見守っているのです。私は一緒にいたガイドに彼らが何をしゃべっているのかと尋ねました。すると、ガイドは次のように言いました。

「彼らは、占いの話をしているよ。先日の占いが当たったの、外れたのといっているんだ」

これを聞いたとき、電話で遠方の人と話ができるようになっても、話の内容が変わらなければ、迷信の世界に生きるという事実は同じなのだろうと思いました。携帯電話の出現が、物理的な距離を縮めたとしても、彼らが迷信や噂のなかで生きていることには変わりないのです。

迷信は本当に悪いのか

ここまで、教養のない人たちの間でどれだけ迷信が信じられ、それがいかなる弊害を生んでいるかを考えてきました。しかし、私は迷信を信じることがかならずしも悪いことだとは思っていません。迷信こそが、教養のない人たちの生活を支えているという事実もあるのです。以前、国連の関係者から聞いた、次のような話があります。

かつてネパールのヒマラヤにある村で、アニサという名前の四〇代の女性が病気で死に瀕した。数週間前から頭に激痛が走るようになり、どんどんひどくなっていき、ついにはのた打ち回るほどになった。

村の呪術師は、病気は彼女に憑いた悪霊のせいだと考えた。そして、悪霊を追い払うには、大麻を思う存分吸わせ、息子たちが呪文を唱えながら患部をさするべきだとつげた。村人はみなそれを信じた。

翌日から、子供たちはアニサに大麻を吸わせ、交代で患部をさすって呪文を唱えた。六人の子供が二四時間交代でそうしたのだ。アニサは大麻のおかげで頭痛が消え、恍惚とした状態になった。子供たちが傍にいたことも一因だったのだろう。そして、数日後、アニサは静かに息を引き取った。

子供たちは死を悲しみ、泣いた。すると、呪術師は言った。

「悪霊を追い払えなかったことは残念だ。けど、最後、母親は君たちに傍にいてもらいとても幸せそうだった。決して悪い死じゃない。また、すぐに今度はよりよい人生を送るためにこの世に生まれ変わってくるはずだ。そしたら、どこかで会えるかもしれない」

子供たちは少し救われたような気になった。

この話は、呪術の存在が彼らにとって心の癒しになっていることを示しています。

ここで考えるべきは、彼らが教養を得て論理的な思考ができるようになることがはたして良いことなのかどうかということです。知識がついたところで、彼らの生活が格段によくなるとはいえません。もしアニサを病院へつれていったところで、お金がなければまともな治療を受けられることはないでしょう。病院の片すみで放っておかれ、死んでいくのを待つことになります。

そんな人々にとっては、病院へ行くことより、呪術師の言葉に従って大麻を吸って痛みを和らげ、子供たちが傍で回復を祈ってあげることの方がずっといいかもしれない。ときには、呪術こそが社会からはじき出された人々の精神を和らげ、人生をより素晴しいものにすることがあるのです。

こうしてみると、すべての人間が高い教養を身につけられない現状がある以上、一部の人々が呪術に依存して生きるのはやむをえないことだといえます。彼らには呪術を信じることがより良い人生を手に入れることになるのです。

ところが、一般社会の人々はなかなかそうは考えません。呪術のなかで生きている人間を「不気味で怖い存在」として周縁に追いやろうとします。では、都会の真ん中で生きている知識人たちの目には、彼らはどのような存在に映っているのでしょうか。

貧乏人は恐ろしい存在

途上国でも町の中心部で生活する裕福な人たちは、物心ついた時から当たり前のように学校で教育を受け、公用語をしゃべり、パソコンをさわりながら育ちます。彼は薄汚いスラムや農村で生まれ育った子供たちを「理解を超えた恐ろしい存在」として考える傾向にあります。接点がないため、相手のことがわからず、固定観念で「悪」としてとらえてしまうのです。

先述したナイロビに暮らす富裕層は、スラムや農村に住む貧しい人たちのことを極度に恐れています。スラムの人間は、強盗で金を奪うことしか考えていないと思い込んでいるのです。そのため、彼らは貧しい人たちの侵入を恐れ、高級住宅地に銃を持った警備員を置き、自宅を四メートルもの高圧電流を流した塀で囲みます。庭に、獰猛なドーベルマンが何匹か放し飼いにされていることもあります。

富裕層の一人は、次のように語っていました。

「スラムの人間は、頭がおかしいから、何を言っても理解することができないんだ。暴力をふるって物を奪うことしか考えていない。呪術のような変なことまで信じている。野良犬と同じだよ。何の常識もなく、人を見れば噛みついたり、吠えたりすることしかできないんだ」

これは極端な意見ではありません。タウンで働く富裕層の多くが、こうした偏見でスラムの住人たちを見ているのです。

彼らの意見は、ある部分で正しく、ある部分で間違っているといえるでしょう。スラムのなかで、暴力をふるったり、迷信を信じて常識が通用しなかったりする人なんて、いたとしてもごく一握りです。

ところが、富裕層の人たちは、貧困層の人たちが抱く劣等感や、言語能力の不足などから彼らと接する機会がほとんどありません。同じ都市で生きているはずなのに、高い壁を築き上げてしまっていることで、わかり合おうとしないのです。そしてその状態こそが、富裕層の人に貧しい人たちを色眼鏡で見させ、必要以上の恐れを与えているのです。

これを象徴するような出来事を、ナイロビのスラムに暮らす人から聞いたことがあります。ザヒトという名前の一〇代後半の青年です。彼はもともと北部のエチオピア国境に近い村で生まれ育ちました。しかし、六歳の頃に旱魃《かんばつ》に見舞われ、故郷を捨てて家族ともどもナイロビにやってきたのです。

ナイロビのスラムには、同じ地方出身の人たちが集まる地区があります。ザヒト君はそこにバラックを建て、廃品回収の仕事をして家族の生計を支えていましたが、学校へ行っていなかったため、自分の国の言葉とわずかなスワヒリ語しかしゃべることができませんでした。

ある日、ザヒト君はどうしても現金を手に入れなければならず、富裕層の家が建ち並ぶ地区へ廃品回収のために訪れました。そこであれば、お金になるものを拾えるかもしれないと考えたのです。ところが、その地区の入り口には検問所があり、銃を持った警備員たちが立っていました。ザヒト君がうつむいて通り過ぎようとすると、警備員がショットガンをつきつけました。

「おい、何しに来たんだ。ここは、おまえのような人間が来る場所じゃない」

ザヒト君は恐怖に怯えながら、故郷の言葉で自分は廃品回収に来ただけなのだと説明しました。警備員たちはその言葉が理解できないので彼を殴りつけて怒鳴りました。

「帰れって言ってるだろ。変な呪文を唱えるな！」

警備員は、彼が突然呪文を唱えだしたのだと勘違いしたのです。そして、その場にいた全員で彼を袋叩きにしてしまいました。

後日、ザヒト君はこう言っていました。

「富裕層の地区にいる人たちは、警備員も含めて僕たちのことを人間だと思っていない。僕が近づけば強盗しにきたんだと思い、何かしゃべれば呪文を唱えたのだと考えられてしまう。僕のことをわかろうとしてくれないんだ」

ザヒト君は、二度と富裕層が集まる地区へは行かないでしょうし、彼らのことを理解しようとも思わないでしょう。

こうしたことは、ケニアだけでなく、世界各地で起きています。南アフリカだって、ナイジェリアだって、インドだって似たようなことなのです。

問題を解決するためには、まずは富裕層と貧困層に接点をつくり、お互いを理解させることが必要になります。どちらもごく普通の人間だという前提に立つことができれば、溝は自然と埋まっていくはずなのです。

ところが、貧困層の人々には、それに必要な基本的な教養が不足していて、彼らは苦しい状況を少しでも良くしようと迷信に頼って生活をしています。それが彼らの生活に役立っている面もありますが、他方では富裕層との溝を広げてしまう要因ともなっています。これらが両者の溝をより広げてしまうのです。

問題を解決するためには、貧しい人々が教養を得られる機会を増やしながら、迷信の代わりとなる社会福祉制度を整えたり、相互理解のきっかけをつくったりするべきでしょう。

第四章　児童婚という性生活

本人の意思ではない結婚

児童婚とは、十七歳以下での結婚を示します。現在、全世界で推定六億五〇〇〇万人の女性がそれに当たる結婚を経験し、毎年一二〇〇万人の子供が新しく結婚しているといわれています。

この数字だけ見ても、漠然として実感がないかもしれませんが、世界の女性の五人に一人が一七歳以下で結婚をしているのです。

読者のなかには、一七歳以下での結婚など日本でもたまにあるだろうという方もいるかもしれません。年齢的なことだけでいえば、その通りです。しかし、世界で問題になっている児童婚は、「本人の意思に基づかない、一五歳以下の強制的な結婚」です。本人の気持ちとは関係ないところで、親の事情などで相手が選ばれ、小学生か中学生ぐらいの年齢で結婚させられてしまうのです。五〇代の男性の四番目の妻として、わずか一〇歳の女の子が嫁がされるケースもあります。この年齢で、性行為を強いられ、朝から晩まで家事をさせられるというのは何を意味するのでしょうか。

児童婚の問題は、子供の人権だけにあるのではありません。体が未成熟なときに性行為をしたり、出産をしたりすると、母子共に生命の危険にさらされる確率が格段に上がります。死産や出産時の事故が起こりやすくなるのです。

ところが、児童婚の難しいところは、それが地域の社会構造と密接に結びついている点です。伝統的な風習、共同体のなかでの人間関係、金銭的な事情などと絡み合って行われているため、生命の危険があるからやめるというわけにはいかなくなっており、女の子や胎児へのリスクは二の次にされてしまうのです。

では、児童婚が行われる社会構造とはどのようなものなのでしょうか。現地の社会に照らし合わせて、それがなぜ存在し、継続しているのかについて考えていきたいと思います。

年収の数倍の結納金

児童婚が地域の習慣と結びついているケースの一つとして、結納金・持参金とのかかわりがあります。

これらの風習は、婚姻の際に、新郎もしくは新婦が相手に対してお金を支払うということです。日本では最初に新郎が払い、後に新婦がお返しをするという形をとるのが主ですが、海外ではどちらか一方だけが支払うということが少なくありません。

たとえば、中東のイエメンでは新郎が新婦に対してお金を支払いますが、インドでは反対に新婦が新郎に対して持参金を持っていきます。地域によって、どちらの側がお金を出すかが異なってくるのです。

この金額が適切な額であれば問題ないのですが、長い伝統のなかで膨大な額になってしまっている地域もあります。家族の収入の数年分、ときには十数年分の収入の支払いをしなければ結婚ができないということもあるのです。この馬鹿げた因習が児童婚を支えているのです。

実際に起きた事例を紹介しましょう。NGOが話題にしたことで世界中のメディアが大きく報じたケースです。

■イエメンの児童婚

中東に、イエメンというイスラーム教の封建的な伝統の残る国がある。この北部の町ハジャで、一二歳の少女が二四歳の男性と結婚をさせられた。

イエメンでは、伝統的に新郎から新婦に対してマハルと呼ばれる結納金が支払われることになっている。少女の両親は貧しく、生活のために今すぐ現金が必要だった。そこで、両親は結納金を目当てに、まだ一二歳の娘を二四歳の男のもとに嫁がせたのである。いわば、娘を売り渡したのだ。

ところが、結婚して三日後、この少女が死亡したことが明らかになった。二四歳の夫と性行為をした際に、膣から大量の出血があって死亡したという。

後日、調べてみたところ、子宮破裂であることが明らかになった。成人男性が、未成熟な女性に無理やり性行為をしたことによって、子宮が壊れてしまったのである。

※筆者注　イエメンの児童婚率は、三分の二以上とされており、近年の内戦によってさらに増えている。

この事件の経緯を見てみると、結納金という習慣が児童婚の下地になっていることがわかるでしょう。父親は生活苦から現金に目がくらみ、少女を売るような形で嫁がせたのです。

ただ、この家族を批判することはできません。イエメンは中東で屈指の貧困国です。生活に困窮することは、死の淵に追い詰められることを意味します。親としては子供たちを餓死から守るために、どんな手をつかってでも家族を守らなければなりません。

ここで考えられる方法は二つです。一つが娘を人身売買のブローカーに売り渡すこと。もう一つが結婚させて持参金を得ることです。おそらく、親の頭には両方の選択肢が浮かんでいたのではないでしょうか。しかし、イスラームの教えを厳格に守るイエメン人にとって娘を人身売買のブローカーに売ることはできなかったでしょう。あるいは、地方の村であるために犯罪組織とのコネクションすらなかったのかもしれません。そこで、両親は伝統に沿って娘を二四歳の男性のもとへ嫁がせ、その代わりに持参金を得るという選択をした――。

このように考えると、両親は困窮した生活のなかで最善を尽くしたともいえるのです。これは地元の人権団体がたまたまとりあげて問題になった事件ですが、それがなければ地方ではよくある児童婚の一つとして話題にもなっていなかったはずです。これが、児童婚が行われる日常の背景なのです。

逆に、結婚に際してお金の支払いの義務が新婦の側にある地域だったとしても、児童婚はあります。世界一の児童婚大国だといわれているインドに目を移してみましょう。

インドでは、現在児童婚が禁止されており、州によっては女性も一八歳以上でなければ結婚できない決まりになっています。ユニセフはこの国の児童婚率を四七%と公表しており、割合的には世界一位ではありませんが、一三億の人口を抱えることからすれば、児童婚の総件数は世界最大になります。

この国で持参金は、ダウリと呼ばれています。イエメンとは反対に、結婚の際に新婦側が新郎の家族に対してお金を支払う習慣があるのです。その額は高く、地域によっては父親の一〇年分の年収に匹敵することもあります。このため、インドでは娘を持つ親同士の間で、「あと一人女の子が生まれたら、間引くか、一家心中するしかないよ」などという泣き言が交わされるほどです。事実、将来の膨大な支払いを心配し、生まれてきた女の子を間引くという事件が起きていたり、政府が胎児性別診断をやめるよう呼びかけたりする動きがあります。

とはいえ、親の大部分は、我が子を殺すような真似はできませんから、ダウリの支払いを回避できないかどうか考えます。そのとき逃げ道としてあるのが、児童婚なのです。一部の地域では、女の子の初潮がはじまる前に結婚させれば、ダウリの支払いが免除されるか、小額になるというとりきめがあります。そのため、親は娘が物心つくかつかないかのうちに娘の結婚相手を決めてしまい、初潮がはじまるまでは自宅で育て、初潮が来てから夫の家へ正式に嫁がせるのです。

私自身、インドの農村で、こうした幼な妻に会ったことがあります。まだ、七歳ぐらいの子でした。親から「もうこの子の夫は決まっているんだ。夫は八歳上の一五歳の子なんだ」と言われたのです。おそらく、一二歳になった時に、二〇歳ぐらいの男性と生活を共にすることになるのでしょう。

父親はこう説明していました。

「ここらじゃ、みんなそうする。貧しい家同士なら、持参金を支払うことができないことぐらいわかっている。だから持ちつ持たれつで、親同士が相談して子供たちが幼いうちに結婚を決めてしまうんだよ。両家の間で息子と娘を二人ずつ嫁がせて、ダウリの支払いを不問にする方法もある」

地域に、ダウリが伝統として根づいてしまっている以上、簡単に放棄することはできません。一方で、生活苦から十分な金額を払えない親も存在する。そうした矛盾を解決するために、児童婚が存在するのです。

こうして考えてみると、イエメンの場合も、インドの場合も、児童婚が地域の生活環境や伝統と複雑に絡み合い、結納金や持参金という習慣と一体化して成り立っていることがわかるでしょう。

おそらく現地で生まれ育った人たちの多くが、児童婚を好ましくないものと思っているはずです。しかし、それでギリギリの生活を支えている家庭があったり、なんとか成り立っている伝統があったりする現実もある。そうした複雑な均衡の上で、児童婚がつづいているのです。

資産なのか、手段なのか

児童婚において、子供が「固定資産」的な意味を持つことがあります。親は普段子供を普通に育てていますが、家庭がひどい貧困状態に陥ってしまったとき、土地や株を売りさばくのと同様に、娘を花嫁として売って現金に換えることがあるのです。

一方、花婿の側としては幼い女の子と結婚するのは、妻をもらうということだけではありません。労働力を手に入れるという意味もあるのです。たとえば、六〇代の男性が三番目の妻として一〇歳の女の子を引き取っても、頻繁に性行為をするわけではありません。その子を使用人のようなものとしてつかいたいから結婚をするのです。

具体的にアフガニスタンで起きた事例を紹介しましょう。

アフガニスタン南部の小さな村に、ザヘルさんという男性が住んでいました。ザヘルさんと妻の間には、六人の子供がおり、一家は農業をやりながら細々と生活していました。

ある年の夏、村がひどい旱魃に襲われました。草木はすべて枯れ、畑もあっという間に壊滅状態に陥ってしまいました。ザヘルさんは収入の道を閉ざされた後、食べ物を手に入れるために五〇代の地主のところへ助けを求めに行きました。お金を貸してほしいと頼んだのです。

地主は、彼の所有する枯れた畑を担保にしても自分が損をするだけだ、と考えました。そこでこう提案しました。

「おまえの娘を俺の三番目の妻としてよこせ。それなら、金を貸してやる。娘はすぐにうちに来てもらい、大きくなるまでは働いてもらうからな」

ザヘルさんは背に腹は替えられないと考え、仕方なく一一歳の長女ジャミラちゃんを地主に差し出しました。地主は約束どおりお金を貸し、ジャミラちゃんを三番目の妻として娶りました。

この話から児童婚には、妻をもらうこと、労働力を得るということという二つの意味があることがわかります。ゆくゆくは介護という利用の仕方もあるでしょう。少なくとも、お金を支払う側にとっては、それぐらいのメリットがなければ年端のいかない子供を妻にして食べさせていこうとは思わないのです。

現在、アフガニスタンで時々問題視されているのが、この地主にあたる人物が裏社会とつながりを持っているケースです。アフガニスタンのような貧しい国では、お金持ちのなかにはヘロインの元となるケシ畑を持っていたり、銃器の売買を行っていたりする人がいます。こうした人たちが地元の長となっていることが稀にあるのです。

貧しい家の両親からすれば、困ったときはそうした人物に借金を頼むことしかできません。もしその人物がお金を渡す代わりに、娘を求めてきたらどうなるでしょう。渋々承諾するしかありません。小学生や中学生ぐらいの女の子がそのような家庭に嫁がされては、将来が閉ざされてしまうのは明らかです。

とはいえ、こういう問題には、当事者にしかわかりえない事情があるのも事実です。今回紹介したジャミラちゃんが嫁いだ家庭は、レンガ工場を経営しており、犯罪に手を染めている家ではありませんでした。ただ、大きな屋敷のなかで、ジャミラちゃんは朝から晩まで家事をさせられ、学校へも通わせてもらえていなかった。将来が決まっている以上、学校で勉強をしても意味がないと考えられていたのです。

あるNGOのスタッフがこの現場を目撃して、「家にもどって兄弟と暮らしたくないのか。学校で同年代の子たちと遊ばなくて大丈夫なのか」と尋ねました。ジャミラちゃんは次のように答えました。

「家になんて帰りたくないよ。だって、ここにいれば、おいしいご飯も食べられるし、好きな服だって買ってもらえるでしょ」

「しかし、あんな年寄りに嫁いで一生を終えるのはつらいだろ」

「平気よ。貧しくて若い男性と結婚したって、生きていけるかどうかはわからない。

家にいたときのように飢えることになるかもしれない。それなら、いまの生活をつづけていた方がずっといいもん」

NGOの職員は言葉を失ってしまいました。しかし、ジャミラちゃんからすれば、当然のことを答えたまでなのかもしれません。実家にいたり、若いだけの男性に嫁いだりすれば、飢餓が待っているだけです。それならば、年をとった男性の三番目の妻であっても、衣食住が保障されているところで過ごしたい。本当の貧困とは何なのかを知っているからこそ、堂々とそのように答えたのではないでしょうか。

あるいは、親が娘のためを思ってこれと同じことを考えるケースもあります。娘が二〇歳過ぎになるまで自分の家で育てたところで、嫁ぎ先なんてたかが知れています。同じぐらいの経済力の家庭か、せいぜい少し豊かなぐらいでしょう。それならば、娘を幼いうちに嫁がせた方が、よほど娘の未来にとっていい結果が待っているかもしれません。それで、積極的に児童婚をさせるのです。

こうしてみると、娘にとっても、親にとっても、場合によっては児童婚は貧困から脱却するための手段だといえるのです。それを裏付けるように、私が訪れた村では、何人もの貧困家庭の親が地主に対して自分の娘をもらってくれないかと頼んでいるような状況がありました。

私たち外国人が、児童婚と聞いただけで顔をしかめて「許されることじゃない」というのは容易いことです。しかし、私たちはそういう前にまず彼らが直面している貧困がどのようなものかを知る必要があるでしょう。

結婚はＨＩＶ対策

ここまで見てきておわかりになるように、児童婚は貧困と密接に結びついています。現地の貧困と伝統が重なり合うことで、児童婚が行われているのです。

これは児童婚がどのような地域で行われているかを見れば一目瞭然です。一三五ページの「地域ごとの児童婚の割合」のグラフをご覧ください。

現地に踏み入って児童婚の現実を見ていない人のなかには、児童婚は親が子供の人生を台無しにする悪しき習慣だと頭ごなしに批判をする方もいます。ところが、親が子供の身を守るために、幼いうちに結婚をさせるケースがあるのです。日常に大きな危険が潜んでいる状況では、できるだけ早めに結婚をさせた方がいいのです。

では、その危険が潜んでいる状況とは、どういうことをいうのでしょうか。

1　ＨＩＶの流行地

2 治安の悪い地域

ここでは、二つのケースについて見ていきたいと思います。

まず取り上げるのがＨＩＶ感染症の流行地です。ＨＩＶ感染症はアフリカのサハラ以南の国々を中心に広まっています。感染率の高い国ですと、成人の一〇％から三〇％近くがこの病気になっている。結婚までに五人ぐらいの恋人がいたら、そのうち一人はＨＩＶ感染症なのです。

問題は、感染国のほとんどが一般に途上国と呼ばれる貧しい国であるということです。特に治安が崩壊しているところでは女性は貧しいから売春で稼ごうとしますし、男性は性犯罪に手を染めます。また、注射器をつかった麻薬の使用が白昼堂々と行われていたりすることもあります。このような環境のなかで生活がすさみ、人々がより淫らな性交渉を行うようになったり、病気について気をつけなくなったりすることもあるでしょう。そうした様々な要因が重なり合い、ＨＩＶ感染症が拡大していっているのです。

スラムに生きる大人たちは、劣悪な生活環境がＨＩＶを広めている要因の一つだと知っています。そのため、かわいい我が子がそのなかで感染する前に、さっさと結婚

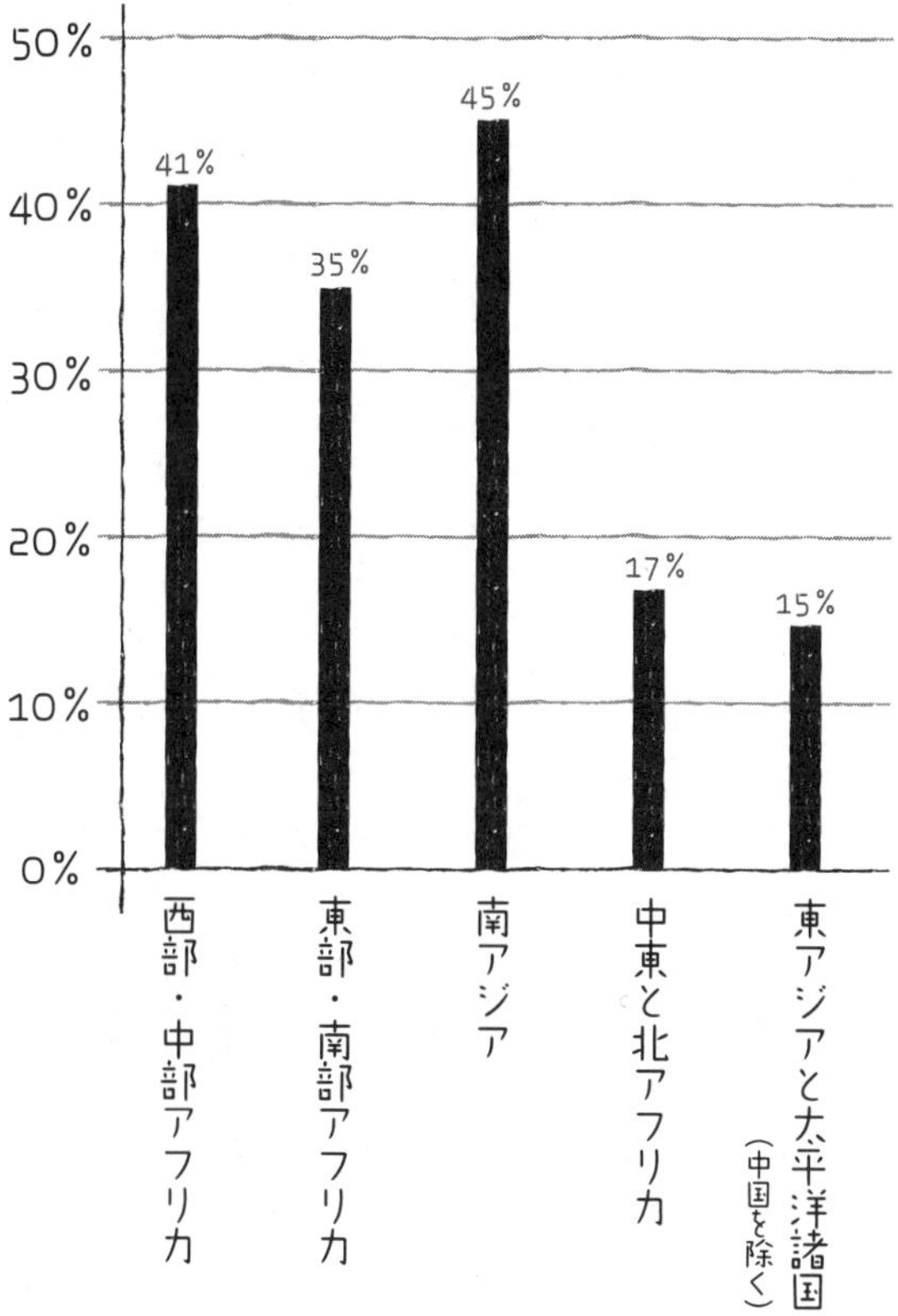

●地域ごとの児童婚の割合

を決めてしまおうとする。こうして大人たちは娘の初潮がはじまったと同時に、村の仲間と相談して結婚相手を見つけてくるのです。

　私はこの例を南アフリカの片田舎で見たことがあります。母親は三七歳で、離婚してシングルマザーとして娘を育てていました。二年前に都市のスラムに住んでいたとき、彼女は交通事故にあいました。その際に病院で血液検査をしたところ、ＨＩＶの陽性反応が出てしまったのです。あと数年でエイズが発病するかもしれない。母親は思い切って都市の家を売り払い、ヘレンという名の娘をつれて実家のある田舎へもどりました。

　当時、ヘレンは一四歳になったばかりでした。母親はスラムにとどまっていれば、ヘレンは自分と同じように誰かからＨＩＶをうつされることになるかもしれないと心配しました。が、母親である自分に残されている時間はわずかです。そこで、彼女は田舎へ帰るとすぐ、仕事のある二一歳の男性をヘレンの許婚として決めてしまったのです。娘を思う気持ちがそうさせたのでしょう。

　村を訪れたとき、私はヘレンに会いました。まだ籍こそ入れていませんでしたが、実質的な夫婦生活を営んでいました。彼女は次のように言っていました。

「お母さんが私を思ってこうしてくれたのがわかる。だから、お母さんの言う通りに結婚した。村では、私のお母さんばかりじゃなく、他の親も同じことをしている。いい年になってブラブラしていると、『あの女はＨＩＶ感染症じゃないか』なんて噂が立ってしまうし、本当にそうなってしまうから、できる限り早く結婚させたがるのよ」

私は、君はそれでもいいと思っているのか、と尋ねました。彼女はうなずいて答えました。

「もちろんよ。私だって色んな人と関係して病気になるより、きちんと家庭を持って安全な生活をした方がいいと思っている。結婚については、まったく悔やんでいない」

彼女にとっては結婚相手や時期より、ＨＩＶ感染に対する恐怖の方が勝っていたということなのでしょう。それだけここではＨＩＶは大きな問題なのです。

では、村の人たちにＨＩＶ検査を受けさせることはできないのでしょうか。初めからみんなが検査を受けていれば、児童婚が行われることはなくなるはずです。しかし、このとき一緒にいた村人はそれを否定しました。

「たしかに、村人全員にＨＩＶ検査を受けさせようという方法はあると思うわ。しかし、ときにはそれが逆に児童婚を増加させることにつながりかねないの。この村のようにすでにＨＩＶ感染症が拡大していると、みんな多かれ少なかれ自分が感染しているのではないかという不安を抱いているでしょ。彼らは一斉検査をするぞと言われると、それによって陽性だと判明する前に、なんとか先に結婚してしまおうとする。それで幼い子たちの結婚が増えてしまうことがあるのよ。つまり、検査に対する恐怖心が、児童婚を増加させるということもあるの」

現在、ＨＩＶ感染症は薬を飲めば死ぬことはなくなっています。しかし貧しい地域では、まだまだ医療の不足から死が現実のものとして残っていて、住民たちのそうした不安が児童婚という問題に結びついているのです。難しいのは、それがかならずしも悪意からなされているのではなく、親が子供を愛しているからこそ思いやりをもって行われている点にあるのです。

路上の花嫁

次に、治安の悪い場所での児童婚について考えてみましょう。私自身、一〇年以上、途上国で路上生活者を追ってきましたが、彼らの間でも児童婚は頻繁に行われています。

貧しい都市の路上では、何万、何十万という人々が家族ごとに集まって暮らしています。そこでの生活は、お世辞にも安全だとはいえません。路上生活者同士が縄張り争いをしたり、恐喝や強奪を行ったり、性犯罪を行ったりすることがあります。麻薬なども横行しています。

路上生活をしている人々のなかで、もっとも弱く被害にあいやすいのが、幼い子供たちです。人身売買のブローカーは真っ先に彼らを狙います。警察からは見放され一人でブラブラしている子供はもっとも誘拐されやすく、一人になった隙に無理やりつれていって売り飛ばされてしまうのです。

また、路上には犯罪への勧誘や甘い罠もそこかしこにあります。子供たちは困窮した生活からなんとかして抜け出したいと願っている。そこに売春宿の女将がやってきて、「私たちと一緒に働こう。そうすれば、きれいに着飾れるし、美味しいものをたらふく食べられるよ」と声をかけてきたり、麻薬の売人がやってきて「おまえも売人にならないか。そうすれば家だって自動車だって買えるようになるぞ」と誘惑してきたりする。子供たちが生活の苦しさから話に乗って、ついていってしまうことは少なくありません。

長年路上で寝起きしている両親は、我が子のまわりにどれだけの危険が潜んでいるかを熟知しています。かといって、日々の生活に忙しく、二四時間傍にいて見張ってあげることができません。そこで頭に浮かぶのが、子供が年頃になったらすぐに結婚相手を見つけてくっつけてしまおうという発想です。路上では結婚が自己防衛になるため、犯罪にあう前に男性を宛てがってしまおうと考えるのです。

この場合、両親は路上生活者のコミュニティーのなかから我が子の結婚相手を探すのが一般的です。路上には、「仕事」や「出身地」や「血縁」などによる複数のコミュニティーが形成されています。みな、どこかしらに属し、困ったときに助け合ったり、協力し合ったりしており、仲間には全幅の信頼を寄せている。

両親は、娘や息子を守るために、信頼できるコミュニティーの仲間同士の話し合いで、結婚を決めようとします。ときには、まだ子供が四歳とか五歳のうちに内約をとることもあります。

たとえば、こんな会話がくり広げられます。

「うちの娘が、最近変なチンピラにまとわりつかれているらしいんだ。町にウエイトレスの仕事があるなんて言われたらしい。きっと人身売買のブローカーに違いない。一大事になる前に、おまえのところの息子と結婚させたいんだがいいかな？　二人とも一四歳だし、しっかりとした考えももっているから大丈夫だろ。あと、ついでに六歳になる妹もいるんだけど、こっちもおまえのところの次男坊とくっつけたいんだがどうだろう？　どうせなら早いうちに決めておいた方がよくないか。当面は別々に育てておいて、一三、四歳になってから一緒にさせればいい」

こうした話によって結婚や許婚が決められるのです。

路上の児童婚は、インドをはじめ、パキスタンやバングラデシュなどイスラーム諸国でも頻繁に目にしました。イスラーム圏では、路上生活者であっても、女性は結婚まで処女を守らなくてはならないという空気があります。しかし、どうしても路上で暮らしていると性犯罪にあいやすくなる。そこで、両親としては娘が性犯罪に巻き込まれる前に、なるべくはやく結婚させてしまおうという発想になり、それが児童婚につながっているのでしょう。

ちなみに、路上生活者たちは、役所に婚姻届を出す習慣を持っていません。「結婚」というのは、あくまで口約束で、法的な拘束力もありませんし、記録に残ることもありません。表向き、児童婚は行われていないことになっているのです。

彼らの婚姻関係が記録されるのは、たいてい出産のときです。現在、途上国の病院では、分娩の介助は無料で行われることがほとんどです。路上で出産しようとしたり、産婆が医学的知識も持たずに取り上げたりすることで起こる事故を未然に防ごうとしているのです。そこで国によっては政府や自治体が「お祝い金」を払うことで、貧しい人たちに病院に来させるような努力をして、病院での出産率はずいぶん高まりました。このとき同時に、国は婚姻届を提出させるのです。

ただし、女性のなかには、出産時に結婚可能な年齢に達していない人もいます。たとえば、その国では一八歳からしか結婚は認められていないのに、一二歳で結婚して、一五歳で出産を迎えるようなケースです。こういう子たちが児童婚をしていることを隠し通そうとするあまり起きてしまうトラブルがあります。私がインドの病院で聞いた話を紹介しましょう。

インドのチェンナイという都市の路上に、一四歳の女の子がいました。彼女は二〇歳の男性と結婚をしていました。いずれも路上で生まれ育ち、両親同士が決めた結婚に従ったのです。二人は仲良く、周囲からも羨ましがられていました。

ある秋、その女の子が妊娠しました。彼女は路上で知り合いの女たちに手伝ってもらって出産することを決めました。やがて陣痛がはじまり、破水しましたが、なかなか赤ん坊はでてきません。難産だったのです。

女たちはあわてて知り合いの産婆を呼びましたが、状況は悪くなっていく一方です。みるみるうちに妊婦は弱り、体の色が変わっていきます。このままでは死んでしまうかもしれない。

産婆はなす術がなくなり、妊婦を病院へ連れて行こうと提案しました。けれど、周りの女たちは首を横にふって拒否しました。

「彼女は結婚が許される年齢に達していない。もし病院へ連れて行ったら児童婚がバレてしまい、中絶を余儀なくされるかもしれない」

産婆は抵抗しました。

「死んじゃうかもしれないのよ。病院へ連れて行った方がいいわ」

だが、他の女たちは決して認めず、こう言い返しました。

「そのためにあなたに任せたんじゃない。産婆として何年もやってきたんでしょ。この子を助けてあげてよ」

正しい医療知識のない産婆に難産の妊婦を救う手立てはありません。妊婦は丸一晩苦しんだ末、路上で息絶えたそうです。

この話からわかるように、児童婚はときとして貧しい弱者を救うこともありますが、逆に違法であるという事実が当人たちを縛り、悲劇につながることもあるのです。

児童婚のリスク

ここまで、児童婚がどのような社会的背景の中で行われているかを見てきました。

児童婚とは何なのか。語弊はあるかもしれませんが、あえて一言で表せば、貧困地域における様々な問題を解決するために、人々の間でやむを得ず行われている生き延びるための方法といえるでしょう。

しかし、どんな建前があったとしても、児童婚は決して放置されるべき問題ではありません。人権的なこともちろんですが、医学的にも非常にリスクの高い行為だからです。そして、そのリスクは、自分の意思とは別のところで結婚を決められた女の子にかかってくるのです。そのリスクとは何なのでしょうか。代表的なものを三つ示してみたいと思います。

1　性行為のリスク
2　出産時の母体へのリスク
3　児童婚によって生まれた子供へのリスク

1は、体の未発達な女の子が性行為をすることによって、体が傷つけられてしまうことです。ペニスを無理やり挿入され、膣が裂けてしまったり、子宮が損傷したりするのです。イエメンの事例のように、それが大量出血を招き、最悪死亡にいたることもあります。

私はこれに近いものを何度か見たことがあります。インドの路上生活者のグループと一緒にアスファルトの上で寝泊まりしていたことがありました。そのグループのなかに一一、二歳の女の子が許婚の男の子と暮らしており、夜になると性交をしていました。が、彼女は毎回かならず「痛い、痛い」と苦しんでいました。ときには、行為が終わってから、一人で川まで行き、股から流れる血を洗っていたこともあります。

両親は性行為を止めようとはしませんでした。「すぐに慣れる」と言って放置していたのです。しかし、場合によっては、慣れる前に体を壊してしまう女の子がいてもおかしくありません。こういう問題はなかなか明るみに出てくることがないのですが、実際に路上やスラムにいる人々に密着していると頻繁に見聞きします。

2は、未発達な身体で出産をすることによって命の危険にさらされることです。ユニセフによれば、十五歳未満の女の子が出産をした場合、合併症などを合わせると妊産婦の死亡率が二〇代の女性の五倍に上るといわれています。

最後の3は、母親ではなく、生まれてきた子供に対するリスクです。幼い女の子が子供を産んだ場合、その子供が何かしらの障害を抱えてきたり、死産になってしまったりする危険性があるのです。そもそも一八歳未満の女の子から生まれた赤子が一歳になる前に死亡する確率は、それ以上の年齢の女性が産んだ赤子より六〇％も高くなると考えられています。低体重児として生まれてくることが多く、うまく育たなかったり、病弱だったりするためです。それを考えると、一三、四歳の女の子から生まれた赤子がどれだけのリスクをかかえることになるかはおわかりになるでしょう。

以上のように、幼い女の子の性行為や出産には、大人のそれよりはるかに危険がともないます。いくら児童婚がその社会ではやむをえないことだとはいえ、それを放置しておくべきではありません。かといって、先進国の人間が現地の人々の事情も知らずに、頭から非難をすることがいいとも思えません。

みなさんが児童婚にどのような意見を持つかは自由です。ただし、そこで児童婚がどのような社会的背景のなかで行われ、どういう意味を持つのかをしっかりと考えた上で、個々のケースに対して何ができるかを考えていく必要があるのはたしかでしょう。様々な角度から見える現実があるわけですし、それらには何一つとして一概に否定していいものなんてないはずなのですから。

第五章　ストリートチルドレンの下剋上

ストリートチルドレンの総数は統計によって大幅に違いがあります。三〇〇〇万人とするデータもあれば、一億人以上とするデータもあります。

これだけ数にズレが生じるのは、ストリートチルドレンの概念が異なるためです。ストリートチルドレンとは、読んで字のごとく「路上の子供」です。この曖昧な表現が、多様な定義を生んでしまっているのです。主なものを紹介すると、次のようになります。

1　子供だけで路上で寝起きする。
2　家族と路上で暮らしている。
3　家はあるが、学校へ行かず路上で働いている。
4　路上で寝泊りしているが、学校へ行っている。

大方の人はストリートチルドレンと聞いて、1を想像するのではないでしょうか。これだけですと、数はそこまで多くないはずです。多く見積もっても世界で数千万人ぐらいだと推測されます。

ところが、2、3、4を含めると、膨大な数に膨れ上がってきます。たとえば、スラムや難民キャンプで生活している子供は、家があり両親もいますが、家計を助けるために日中は物売りや物乞いをして稼いでいます。単純に児童労働者のうちの半分が路上で働いていたとしても、一億人を超えてしまうのです。これに路上生活者などを含めれば、どれだけの数になるかは想像に難くありません。おそらく、一億人以上という推計はそうやって弾き出されたものだと思います。

本書で語るストリートチルドレンについては、1の定義に限定したいと思います。それは私自身が多くの子供たちに会ってきた経験から、1とそれ以外の子供とでは置かれている状況がまったく異なると感じるからです。彼らが路上でどのように日々を過ごし、どんな運命をたどっているのか、一つずつ考えていくことにしましょう。

誕生の背景

子供がストリートチルドレンになる背景には、細かく分けると様々な理由がありま す。ここでは、わかりやすく大きく二つに系統を示してみましょう。

1　親を失うケース

2　家出をするケース

1は、親が死亡することによって、子供が住む場所を失ってストリートチルドレン化してしまうケースです。親が死亡する理由としては、一般的な病気の他に、戦争、災害、事故などを挙げることができます。途上国の貧しい家庭の人々の多くが劣悪な環境で生きているため、こうした危険にあう可能性が極めて高いのです。

たとえば、二〇一〇年にハイチで起きた大地震では、死者の数が二〇万人を上まわりました。スラムに建つバラックが粉々になって多くの人たちを下敷きにしただけでなく、その後伝染病や暴動まであって多数の人が犠牲になったのです。

この被害によって生まれた孤児は数万人にのぼるといわれています。政府や援助機関は資産不足などからこうした孤児を全員保護してあげることはできません。そのために、孤児の一部がストリートチルドレン化してしまうのです。

ハイチの地震のように世界的に報じられるニュースでなくても、小規模の自然災害は多数起きています。事実、毎年自然災害の被災者は一億から二億人になるといわれており、赤十字によれば今も被災しやすい場所に住居を持っている人は二五億人にのぼると推定されています。こうした被災者の子供たちの一部がストリートチルドレンとなっていくのです。私たちがニュースで自然災害を見聞きするたびに、現地で子供たちがストリートチルドレンになっているともいえるのです。

また、親が死ななくても、行方をくらましてしまうことによって、子供が一人で生きていかなければならなくなるケースもあります。親のなかには貧困から子供を育てることができなくなり、家出をしてしまう人や、再婚や引越しの際に子供を捨ててしまうような人もいます。取り残された子供が、路上で物を拾って生きていくことになるのです。

路上生活者と一緒に過ごしていると、こうした話をしょっちゅう耳にします。インドのスラムにいたとき、ある女性から子供を捨てたという告白を聞きました。彼女にはもともと八人の子供がいました。夫に先立たれたものの、金銭的な理由から独り身を貫くわけにはいかず、同じような境遇の男性と再婚をしました。

ところが、この再婚相手の男性にも七人の子供がいました。双方の家庭をくっつけると、同時に一五人の子供を養わなければならなくなります。収入を考えれば生活が破綻するのは明らかです。そこで、母親は男性と再婚をするにあたって、八人の子供たちをよその町へつれていって置き去りにしてしまったのです。

スラムでその女性は「捨子の母」として蔑まれていました。みんな事情を知っていたのです。しかし、彼女は開き直ってこう反発していました。

「好きでやったわけじゃない。しかし、女一人でどうやって生きていけるというんだ。子供を捨てなきゃ生きていけないなら捨てるしかないでしょ。子供を殺したわけじゃない。みんな、どこかでちゃんと生きているさ」

彼女の立場ならやむをえなかったのかもしれません。そして、途上国にはこういう家庭が数えられないぐらいあるのです。

次に2について考えてみましょう。ここにはたくさんの動機がありますが、よく見られるものとしては、次のようなものがあげられます。

・子供が家庭の貧困から抜け出そうと思って家出をするケース。
・親が薬物中毒になったり、暴力をふるったりして、子供がそこから逃げ出すケース。
・再婚家庭のなかで居場所を失って家出をするケース。
・家族の介護などに嫌気がさして家出をするケース。
・親から児童労働や武装組織への加入を促されて逃げ出すケース。

これらからわかる通り、家庭における何かしらの問題によって、子供がストリートチルドレン化することがあるのです。

残念なことに、貧困は家庭に対して様々な災いをもたらします。親をアルコールやドラッグに走らせたり、子供につらい労働を課したり、暴力や事故に巻き込んだりする。子供たちの一部はそうしたことに悲観し、「こんな家庭にいるぐらいなら、自分一人で路上で暮らしていた方がマシ」と考えて家出をします。

こうした子供を非難することはできません。家族とともにいても、一日一回芋をかじれるかどうかという日々です。それに比べて、路上で物乞いをしていれば自由が手に入るばかりでなく、ちゃんとしたご飯を食べるだけのお金を稼ぐことができます。幼い子供たちがそうした外での生活に希望を見出す気持ちもわからないではないのです。

この他、私自身こういうケースもあるのかと驚いた体験を紹介しましょう。

アフリカのタンザニアに、ビクトリア湖という大きな湖があります。この近くには、貧しい村がたくさんあります。その村の一つに、アルバート君という九歳の子供がいました。家は農家で、兄弟五人は両親の手伝いをして生活していました。

アルバート君は生まれつき癲癇《てんかん》の発作に苦しんでいました。一日に何度も全身に電気が走ったような発作に襲われてしまうのです。そんなとき、アルバート君は意識が飛んでしまい、激しい痙攣《けいれん》によって舌を嚙んでしまうことが度々ありました。一歩間違えれば、そのまま死んでしまいかねません。母親は家の仕事を放置して常にアルバート君の傍によりそい、発作に備えなければなりませんでした。

何年かして、村が不作に見舞われました。家はどんどん貧しくなっていくのに、母親はアルバート君の世話に一日の大半の時間を奪われ、家事すらろくにできない状況がつづきました。父親はそれを見て堪忍袋の緒を切らしました。

「アルバートには悪魔が憑いている。発作が起こるのは、悪魔の仕業に違いない。悪魔が体に入ったからこそ、体が勝手に動くようになるんだ。こいつが家にいるせいで、どんどん貧しくなっていく。このままだと家は崩壊してしまう。そうなる前に、さっさと追い出そう」

そして、アルバート君を家から出ていかせたのです。村の人たちはその説明を受け、発作が悪魔のせいなら仕方ないと考え、あえて口をはさみませんでした。

その後、アルバート君は一人で生きていかなくてはならなくなり、村を離れて一番近いムワンザという町の路上でストリートチルドレンになりました。NGOの職員に保護されるまでの約一年間、数人のストリートチルドレンの仲間に助けられながら生活していたそうです。

地域によっては、こうした出来事は珍しくはありません。私は、癲癇の発作の他、脳性麻痺などで体が不自由な子供が「悪魔に憑かれている」とか「呪われている」と言われて家を追い出されたのをいく度も見聞きしてきました。貧しい家族にとっては、病気の子や障害者を養うことが家計を圧迫し、家庭の崩壊に結びつくことがあります。そんなとき、親が子供の病気や障害を「悪魔の仕業」と考えて、子供ごと追放してしまうのです。

こうした悲劇は、貧困のなかで起こるべくして起こったことといえるのかもしれません。切ないのは、アルバート君の場合と同じく、他のストリートチルドレンたちが病気や障害があり捨てられた子供を仲間と見なして、大切に面倒をみてあげていることです。数人の子供たちが物乞いや廃品回収で稼いだお金で、親から家庭から弾き出された体の不自由な子供を養ってあげるのです。

一体、なぜ彼らは自分が困窮しているにもかかわらず、仲間をつくり、助け合おうとするのでしょうか。次はストリートチルドレンたちがグループをつくらなければならない事情について考えていきたいと思います。

路上に住みつくようになると、ストリートチルドレンは大抵どこかのグループに入ります。多民族国家であれば、言語や宗教が同じ子供同士で集まるのが普通です。グループの人数は三人から二〇人以上まで様々です。これは町の規模やストリートチルドレンの多さにもよります。たとえば、アフリカにあるルワンダに目を止めてみましょう。東アフリカにある小さな国です。近年は経済成長が著しく、首都キガリにいるストリートチルドレンは三〇〇〇人ぐらいだといわれています。こうなると、ストリートチルドレンのグループは四〜八人であることがほとんどです。

一方、同じ東アフリカにある国でも、大国ケニアの首都ナイロビは状況が違います。この町には近隣の国や町から大勢のストリートチルドレンが押し寄せ、その数は一五万人にのぼるとも推定されている。こうなるとグループの数は最低でも六、七人、一般的には一〇人、二〇人規模になります。

このように、同じアフリカでも国や町によって、グループの人数は大きく違ってくるのです。

では、一体どうしてストリートチルドレンたちはグループをつくろうとするのでしょうか。大きく二つの理由があります。

1　仲間で危険から身を守るため。
2　協力して仕事をするため。

1について見てみましょう。ストリートチルドレンたちには、路上において大きく三つの危険があります。「警察の取り締まり」「地元の人からの反発」「敵対するストリートチルドレンやマフィアのグループの脅威」です。子供たちは路上で寝泊りする際は、こうした危険から身を守るためにグループをつくらざるを得ないのです。

警察は子供たちを取り締まろうとしますし、地元の人たちも店や家の前でたむろされるのを嫌がって追い払おうとします。しかし、子供たちが集団で集まっていれば、下手に荒々しい真似はできません。子供たちはそういうことを知っており、わざわざ群れを成して一カ所にかたまろうとするのです。

また、敵対するストリートチルドレンやマフィアといった存在も、彼らにとって大きな脅威です。他のストリートチルドレンのグループとは寝る場所や稼ぎ場所を巡って縄張り争いを頻繁に行います。お金のないときは相手のグループを襲って所有物を強奪しようとすることもある。ルールのない世界なので、殴り合いをして勝ったグループがすべてを手に入れます。勝つには、数が多ければ多いほうがいい。そうした事情から、町にストリートチルドレンが増えれば増えるほど、グループのメンバーの数も増加するようになるのです。

マフィアから攻撃を受けることもあります。ストリートチルドレン同士の抗争と違うのは、マフィアが絶対的な力を持っているということです。大人のグループであるマフィアたちは武器を持っており、人身売買をするために無理やり子供たちをつれさったり、稼いだお金をすべて取り上げたりします。保護者もいなければ、警察からも相手にされない子供たちは格好の餌食です。

そのため、ストリートチルドレンたちは、グループを組み、マフィアがきたことを教え合ったり、ときには反撃したりしなければなりません。タンザニアで会ったストリートチルドレンたちは夜中代わる代わる起きて他のグループやマフィアが襲ってこないかを見張っていました。町によっては、それぐらいの警戒心が必要になるのです。危険から身を守るとはこうしたことを示しているのです。

次に、2の「協力して仕事をするため」を見てみましょう。ストリートチルドレンは物乞いをしたり、靴磨きや物売りをしたりしてお金を手に入れています。それでも、毎日十分な金額が集まるわけではありません。まったく儲からない日が何日もつづくことがあったり、敵対するグループやマフィアにせっかく稼いだお金を強奪されることがある。そんなとき、彼らは生きていくために集団で知恵をふりしぼり、力を出し合ってものを盗もうとします。

私が前に見たカンボジアのストリートチルドレンの例をお話ししましょう。そのグループは七人で生活していました。セン君という坊主頭の一五歳の子がリーダーで、他は八歳から一三歳ぐらいまでの子供でした。普段彼らは物乞いをしたり、廃品回収をしたりしてお金を稼いでいたのですが、雨季には稼ぎが少なくなるため、窃盗によって食いつながねばなりませんでした。このとき、子供たちはセン君が考えついた方法で盗みを働いていたのです。

その方法とは、まずセン君が市場に行き、店の前で仲間のB君とケンカをはじめます。大声で怒鳴り、小突き合いをはじめるのです。周りの店の経営者たちが騒ぎを聞きつけて出てきて、二人を止めます。その間に、近くにいた別の仲間のC君が主人のいなくなった店へ入り込むのです。

ここで一つ工夫をします。もしその間にC君が盗みをしているのがバレたら、セン君やB君がオトリだと見抜かれてつかまってしまう。そこで、セン君とB君がわざと店に入ったC君を指差していいます。

「おい、あいつが泥棒をしたぞ。つかまえろ！」

主人たちは慌てて店にもどり、C君をつかまえてボディーチェックをします。でも、盗みをしていないので何も出てこない。その間に、セン君とB君が隙を見計らって店頭にあるものをわしづかみにして逃げるのです。

さすがに、ここまで手が込んでいると、店の主人は一瞬ですべてを見抜くことはできません。ましてやC君が彼らの仲間だとは思いもよらないでしょう。そこで、C君は釈放され、窃盗はまんまと成功するというわけです。

こうしてセン君たちが集めた盗品は、一度土にこすりつけられたり、踏みつけられたりして汚されてから、中古市場で売りさばかれます。家電用品も、洋服も、携帯電話もすべて中古品のように傷だらけにするのです。町の人たちはストリートチルドレンが新品を持っていれば盗品だと疑います。それを避けるために、多少値段が落ちることを覚悟してでも、汚して使用感を出すのです。

これ以外にも、セン君たちがお金を稼ぐためにつかっていた手口があります。ある日、セン君はグループの仲間と共にお客さんをベンチにすわらせ、靴磨きの仕事をしていました。最初はセン君が一人で靴を磨いているのですが、やがて仲間がやってきてB君は靴ヒモを洗い、C君は靴底を洗いはじめます。そして、靴磨きが終わったとき、三人でやったから三倍の料金になるといってお金を請求するのです。

お客さんのなかには苦笑して支払う人もいますが、断固として拒否する人もいます。

「そんなの詐欺だ」と突っぱねて一人分の料金しか払わないのです。すると、セン君たちは一人分のお金を巡って、わざと目の前で殴り合いのケンカをはじめます。「これは俺のパン代だ」とか「これはお母さんの薬代にするんだ」と叫んで取っ組み合いをするのです。さすがにお客さんはそれを見ていていたたまれなくなり、ケンカを止めるために仕方なく三人分の料金を支払います。

「わかったよ。もう、おまえらケンカするな。ほら、お金をやるから泣くのを止めろ」と。

これは予めセン君たちが仕組んでいたワナです。お客さんはまんまとそれにはまって一回の靴磨きなのに三回分のお金を払うことになってしまうのです。

このように彼らはお金を稼ぐために、あの手この手をつかおうとします。こういう作戦は一人だとできません。そこで、より多くのお金を稼ぐために仲間をつくろうとするのです。グループをつくるのは、路上生活者やスラムの住人たちがコミュニティーを形成するのと同じように、貧困を生き抜くために必要な手段なのです。

ストリートチルドレンは一日中仕事をしているわけではありません。彼らにも空き時間というものがあり、その間は自由に過ごしています。では、彼らはその時間をどのように過ごしているのでしょうか。

彼らが一番自由にしているのは、仕事が終わってから寝るまでの間です。夜になると、町からは人影が消え、道路は広場となります。そこで、子供たちはゴミ捨て場から拾ってきたボールをつかってサッカーをしたり、クリケットをしたりするのです。

バングラデシュの首都ダッカでは、夜の一一時を過ぎると、子供たちが道路をめいっぱいつかってクリケットをしていたものでした。ストリートチルドレンのグループ同士がチームになって試合をしていたこともあります。こうやってストリートチルドレンのグループ同士が交友を深め、ときには一緒に暮らすようになったり、仕事で協力したりするようになるのです。

このようにアジアのストリートチルドレンは遊びを通してグループ同士が仲良くしたりすることがありますが、アフリカにある国々では状況が異なってきます。アフリカのストリートチルドレンはシンナーや麻薬などをやっていることが多く、スポーツをしたり、はしゃぎまわったりする体力や気力がないことが多いのです。栄養不良の状態も、アジアの子供たちに比べると、かなり悪い。そのためグループ同士がそれほど仲が良いわけではなく、敵対しているケースが多々見られます。

なぜ、このような地域による差がでてくるのでしょうか。理由の一つとして、町における「相互監視」をあげることができると思います。

アジアでは、ストリートチルドレンでなくても、路上に住みついている人が大勢います。インドやバングラデシュの町を歩いていれば、家族ごと、親戚ごと、仕事の同僚ごとに様々なコミュニティーがあるのを目にすることができるでしょう。そういう場所では、大人の路上生活者たちがストリートチルドレンの生活に関与してきます。シンナーを吸っていれば取り上げて「やめろ！」と叱ったり、ケンカをしていれば仲裁に入ったりすることがあるのです。

一方、アフリカの多くの国では、大人や家族連れはスラムに家を持っており、路上で生活しているのはストリートチルドレンや犯罪グループだけというのが目立ちます。こうなると、ストリートチルドレンの暴走を止める人がいなくなってしまうし、路上で遊ぶことなどできないほど治安が悪くなってしまいます。そうした状況が子供たちを取り巻く環境をどんどん荒んだものにしていってしまうのです。

とはいえ、アジアでもアフリカでも明るい子供もいれば、暗い子供もいます。その境界の多くは、薬物の使用の有無です。特にシンナー。これをやるかやらないか、あるいはやっているグループが多いか少ないかで、その町に生きる子供たちの人生が大きく変わってくる。

逆に地域によってほとんど変わらないのが、女の子です。ストリートチルドレンのなかで女の子の占める割合は低く、二割程度といったところでしょう。理由としては、女の子だと治安の悪い路上で生きていけないという現実があったり、若くしてさっさと売春宿に住み込みで働いてしまうことなどがあげられます。わずかにいる女の子も男の子のグループにまじることで守ってもらっているというのが現状です。

ストリートチルドレンの女の子がする共通の遊びは、花などをつかって住居を飾ったり、髪飾りをつくったりすることです。路上にある子供たちのテントを回っていると、そこに女の子がいるかどうかは見てすぐにわかります。女の子がいるグループのテントには、かならず公園などで拾ってきた花がビンに挿して飾られていたり、花輪がかけられていたりする。花を手に入れるのが難しい地域であれば、カラーテープや絵などによって彩られている。女の子は、寝場所を少しでもきれいに飾りたいと思うのかもしれません。

お化粧遊びなんかもよくしているのを見かけます。植物の実をすりつぶして、そこから出てくる色を口紅にしたり、アイシャドーにしたりするのです。私はストリートチルドレンから話を聞かせてもらったとき、お礼にご飯をご馳走したり、お土産をあげたりするのですが、女の子の場合一番ほしがるのがお化粧道具やアクセサリーです。三日間何も食べていなくても、ご飯よりそうしたものをほしがるのです。

昔、インドネシアで女の子のストリートチルドレンにインタビューをした後、お礼に果物の缶詰をあげたことがありました。そしたら、彼女は悪びれることもなく目の前で大人の物乞いにそれを売りさばき、手に入れたお金で露天商から口紅を買ったのです。傍にいた男の子の仲間がニタニタ笑いながら言っていました。

「女の子は空腹は我慢できるけど、化粧をしたいという思いは我慢できないんだ。いつもこの調子だからやんなっちゃうぜ」

どうやら物乞いでお金を手に入れても、女の子はすぐにそうしたものにつかってしまうようでした。

それ以来、私は女の子に話を聞いた後は、ご飯とともにお化粧道具やアクセサリーを買ってあげることにしています。不思議と、そうしたものは、どんなにお金に困っても売りさばいたりしないのです。きっとそれが「女心」というものなのでしょう。

大きな国のストリートチルドレンの場合、町の決まった場所に定住することは稀有です。ほとんどの子供たちが町のなかを転々としたり、町から町へと移り住んだりします。

かつてインドでそれを象徴するような出来事に遭遇したことがあります。二年前にデリーで会ったストリートチルドレンとムンバイーの町でばったり再会したのです。デリーからムンバイーまでは電車で一六時間かかるくらいの距離です。尋ねてみると、どうやら二年間のうちに四カ所町を移っているということでした。実は、子供たちの漂泊は珍しいことではないのです。それには、次のような理由があります。

1　町の浄化作戦から逃げるため。
2　競争率の激しい都市を避けるため。
3　仕事のために各地を転々とする。

1については、警察に追い払われるということです。

近代化が進めば進むほど、景観やイメージを良くするために、町ではストリートチルドレンの浄化作戦が行われます。また、児童福祉施設が増えるにしたがって、彼らを保護しようという社会的な流れが生まれます。子供たちの一部は喜んで施設に入りますが、後述するようにそうじゃない子供もたくさんいます。そうした子供たちが警察の手を逃れるためにあっちへ行ったり、こっちへ行ったりするのです。

2は、町の競争率の激しさが原因です。町にストリートチルドレンが増えれば、当然廃品を拾ったり、残飯を恵んでもらったり、寝場所を確保したりすることが難しくなります。そのため、そこからはじき出された者たちは競争のゆるい町へ移住するのです。

これは特に若い子供たちに当てはまることですね。大都市では一二歳以上の体の大きな子が利益の大半を握っていることが少なくありません。六歳から一〇歳ぐらいの子供は彼らに力では太刀打ちできない。そこで、より競争率の低い町へ移るのです。

小さな町は都会とは違い、人々が子供たちに親切に接してくれることが少なくありません。レストランの余りものをくれたり、布団をくれたり、寒いときは寝場所を用意してもらえることもあるのです。強い者は大都市で路上の大きな利益を独占し、弱い者は小さな町で人々の恩恵を受けて生活をするのです。

3には、「仕事を求めて町を出る場合」と「仕事をしながら各地を転々とする場合」があります。前者はストリートチルドレンたちが地方のプランテーションなどで住み込みの仕事をするケースです。畑の収穫、鉱山、森林伐採が主な仕事内容で、食住の無料提供に加えてお給料（月に数百円ぐらい）が与えられるという条件が一般的です。ストリートチルドレンたちは「あそこへ行けば、仕事にありつける」「こっちの仕事の方が条件はいいらしい」という情報を交換し合い、仕事を求めて町から町を渡り歩きます。

一方、仕事をしながら各地を転々とする場合は、すでに商売を持っている子供たちです。途上国で電車に乗ったことのある人ならわかると思いますが、駅につくと物売りの子供たちが乗ってきて電車でお菓子や煙草を売ったり、物乞いをはじめたりするのを見かけますよね。あのなかには、無賃乗車をしているストリートチルドレンも多いのです。昼間はただ乗りをしながら車内で商売をし、夜になると電車を降りてその町のホームなどで眠って夜を明かします。そんなことを何カ月も何年もつづけている子供がいるのです。以前出会った男性は三〇年間そんなことをしているといっていました。電車が家みたいなものなのでしょう。

こうした子供たちの一部は、国境を越えてしまいます。陸つづきの国の場合、隣の国でも同じ言語をはなしていたり、民族がまたがっていたりすることがしばしばあります。たとえば、もしスワヒリ語をしゃべることができれば、東アフリカ圏内で言葉のやりとりに困ることはほとんどありません。アラビア語をしゃべることができれば中東ならどこでも通用します。習慣や顔つきもほとんど変わりません。

子供たちは母国といった観念に乏しく、儲かる場所ならどこへでも行こうとします。そこで、徒歩だったり、貨物列車や大型トラックの荷台に隠れたりしてより豊かな隣国へ移っていくのです。私自身、ケニアの路上にタンザニアやウガンダから来た子供たちがグループになってかたまっていたり、インドの路上にネパールやスリランカから来た子供たちがテントをつくっていたのを見たことがあります。特に、小国のストリートチルドレンは富を求めて隣の大国へと移ろうとする傾向にあるといえるでしょう。

現地のNGOで働く人々によれば、このような海外からやってきたストリートチルドレンは取り扱いが難しいようです。外国からきているストリートチルドレンは祖国にすら出生の記録がないケースが多いし、両親も見つからない。保護したとしても、返す先がないのです。

たとえば、インドの警察があるストリートチルドレンを逮捕したとしましょう。その子はネパール語を話し、ネパールから来たといいます。ところが、ネパール当局に問い合わせてみても、その子の記録がない。両親はもちろん、生まれた形跡すら残っていない。こうなると、ネパール当局はそのストリートチルドレンを受け入れようとはしません。隣国の警察が身元のわからない子供を引き取れといってきても、ネパール当局としては「はい、そうします」とは答えられるはずがありません。結果、子供は行き場所を失うことになります。

ＮＧＯの職員は悩んでいました。

「警官が外国から来たストリートチルドレンをつかまえてしまうと、祖国に送り返すことができないから大変だよ。どうしようもなくなって児童福祉施設に押しつけたとしても、職員だって面倒をみたがらない。自分の国の子供だって満足に受け入れられないのに、なぜ外国人を保護しなきゃいけないんだって思う。警官はそういうことを知っているから、外国人っぽいストリートチルドレンは一々保護しようとしないんだ。ＮＧＯだって同じで、自国の子供を助けることはあっても、外国人の子供は避けようとする。結局、誰からも放っておかれてしまうことになるんだよ」

これは非常に難しい問題です。ネパールのＮＧＯがインドに現地事務所を置いて、人身売買でつれてこられた売春婦の救済を行うことはあります。これは売春婦がある程度の年齢で、身元を明かすことができるから可能なのです。しかし、一〇歳に満たないストリートチルドレンだと、自分の出生すらよくわかっていない上、保護されることを嫌がります。そういう子供を守るのは一筋縄ではいかないのです。

児童施設の問題点

町で保護されたストリートチルドレンたちの世話をするのは、児童福祉施設の役割です。施設は子供たちが一六歳か一八歳ぐらいになるまで衣食住を与え、学校教育や職業訓練を受けさせます。子供たちが机を並べて遅れた分をとりもどそうと必死に勉強する姿を見ると身につまされる思いになります。なかには、奨学金をもらって大学に進学する子供までいるのです。

とはいえ、ストリートチルドレン全員が、施設への入居を望むわけではありません。事実、施設によっては定員に満たないところもあります。ストリートチルドレンの幾人かは施設での生活に順応できずに脱走をはかったり、態度が悪いことを理由に追い出されたりするのです。タンザニアにある施設の職員の話では、「警察に保護されてつれてこられても、半分ぐらいは脱走してしまう」ということでした。

子供たちが施設に適応できない理由の一つに、施設側の問題があります。施設の職員の大半は、子供たちの社会復帰のために熱心に働いています。しかし、いくつかの施設では職員が運営資金を横領して私腹を肥やしたり、子供たちに言うことを聞かせるために暴力をふるったりすることがある。私自身、そんな施設で子供たちから虐待の傷を見せられたことがあります。こういう場所にいる子供たちにとっては、施設は刑務所のようなところでしかないのです。

施設の職員が、「横領や暴力はやむをえないんだ」と言い訳をすることもあります。政府は財政難から職員への給与を滞らせており、運営資金を横領しなければ食べていけなかったり、路上で育った子供たちの過激な反発を抑えるには力を用いなければならなかったりするというのがその理由です。しかし、もし真実だったとしても、決して許されるべきことではありませんよね。

むろん、すべての施設がそんな環境にあるというつもりはありませんが、こうした施設が十に一つでもあれば、ストリートチルドレンたちの間にその噂は瞬く間に広がります。そして「絶対に施設には行かない」「施設へ入るのは殺されるのと同じことだ」という意識がつくられる。施設に閉じ込められ、職員に虐待されつづけるなら、ずっと路上で自由に生きていった方がいいと考えるのです。

二つ目の理由として、ストリートチルドレンたちの「社会的不適応」の問題があります。子供たちの一部は物心ついたときからずっと路上で暮らしてきています。長い間、暴力や窃盗や差別の只中に身を置いて、それ以外の世界をほとんど知らないのです。

そんな子供たちが、ある日突然施設へ入れられて、集団生活に順応するのは簡単なことではありません。主張が通らなければ路上にいたときと同じように暴力をふるったり、ほしいものを平然と盗んだりしてしまう。路上生活で身についてしまった癖は、ちょっとやそっと注意されて直るものではないのです。

他に、トラウマやPTSDの問題もあります。路上での生活でひどい暴力を受けてきたストリートチルドレンもいます。マフィアに火傷を負わされたり、敵対するグループに強姦されたりした子供。彼らはその壮絶な体験ゆえに、精神を病んでいて、眠れなくなったり、幻覚に襲われたり、発作をおこしたりする。

本来、こうした子供は専門家の下でしっかりと精神のケアを受けて、社会生活が営めるまでリハビリをする必要がありますが、途上国の施設にはそうした設備が揃っていません。そのため、精神を病んでいる子はいじめの対象になったり、理不尽な注意を受けたりして集団生活からドロップアウトしていってしまうのです。

三つ目の理由として挙げられるのは、ストリートチルドレンたちが求める「自由」

です。先述したように彼らは町のなかでグループを形成しており、ときには利益を巡って敵対するグループと抗争をしたりしています。縄張りを侵しただの、肩が触れただのといって殴り合いをする。

もし警察に捕まって施設に入れられると、こうした敵対するグループと施設内で鉢合わせしてしまう可能性があります。そこに敵対するグループの子供が五人おり、味方のグループは自分一人だったらどうなるでしょう。当然、袋叩きやいじめが起こる。子供たちはそうしたことを恐れて、施設に入れられるより、外の世界で自由にいたいと願うのです。

他には、薬物使用の問題もあります。彼らは路上の仲間の誘いに乗って、シンナーやヘロインといった違法薬物に手を出していることがあります。施設に入れられれば、当然それを止めなければなりません。しかし、特にヘロインなどは禁断症状が激しく、ときとして無理やりやめることでショック死してしまうことがある。子供たちはそうしたことを知っていて違法薬物を禁止されることで禁断症状に苦しむことをいやがり、施設への入居を拒もうとするのです。

最後に一つ、私の印象に残っている例を紹介しましょう。二〇〇四年の十二月、スマトラ沖の地震によって、大きな津波が起きて、インドネシアスマトラ島の一部の町が崩壊しました。死者と行方不明者あわせて二二万人超。近年稀に見る津波による被害でした。

　この津波からしばらくして私は現地に入ったのですが、瓦礫の山となっている海辺の町に何人かのストリートチルドレンがいました。小学生ぐらいの子供たちです。聞いてみると、みな津波で両親を失ったのだといっていました。高い波に飲み込まれ、そのまま行方がわからなくなってしまったのです。きっと沖に流されてしまったのでしょう。

　当時、この町には世界中から様々なNGOが入り、救済活動をしていました。孤児だと名乗れば施設につれていってくれるはずです。それなのに、なぜストリートチルドレンになってしまったのでしょう。

　その質問をしたとき、子供の一人から返ってきた答えに私は胸をつかれるような思いをしました。彼はこう説明したのです。

「お父さんとお母さんは、まだどこかで生きているかもしれない。もし施設へ行ったら会えなくなってしまう。だから、この町に留まっていたいんだ」

　小学生ぐらいの子供たちが、親の死をそう易々と受け止められるはずがありません。津波で流されたとわかっていながらも、まだどこかで生きているかもしれないと一縷の望みを抱き、町に留まっているのです。

私はそんな子供たちを前にして、施設へ入るよう無理強いすることができませんでした。しかし、こうした子供たちを放っておけばストリートチルドレンが増えていくだけというのも事実なのです。

ストリートチルドレンの未来

最後に、ストリートチルドレンたちを待ち受けている将来について説明しましょう。

残念なことですが、ストリートチルドレンの一部は大人になる前に命を落としてしまうことがあります。正確な統計を出すことはできませんが、相当な数だといえるでしょう。栄養不良により感染症にかかったり、シンナーなど違法薬物によって体を壊したり、事故や犯罪に巻き込まれたりすることが多いのです。

あまり語られませんが、水害などによって死亡する子もたくさんいます。子供たちは町の人々から隠れるようにして川や海の辺で寝泊まりしている傾向にあるため、津波や洪水などの災害に襲われたとき、いの一番に被害を受けるものなのです。たとえば、バングラデシュのダッカやインドのムンバイーといった都市は、季節風の時期になると大雨による洪水に襲われます。その際、路上や川辺で寝ている子供たちが流されて死んでしまうことがあるのです。

しかし、こういう実態はなかなか報じられません。家族がいないために捜索願が出されることはありませんし、そもそも子供たちは政府の記録上存在していないことになったりするので、流されたことに誰も気がつかないのです。死んだことすら気づかれないというのは非常に寂しいことです。

では、運良く大きくなった子供たちはどうなるのでしょう。全員が全員というわけではありませんが、よく耳にするケースを分類すると、次のようになります。

1　一般職につく例
　　――施設に入って教養を身につけたり、日雇い労働などから出世していく。

2　犯罪に走る例
　　――犯罪組織の構成員、詐欺師、売春婦などになる。

3　路上で暮らしつづける例
　　――路上で生まれ育った者同士で結婚し、一生路上生活をつづける。

1のように大人になって一般職につけるようになるのは、成功例だといえるでしょう。一般職につくには、読み書きや計算などある程度の教養が必要になります。そのため、こういう子供のほとんどが、運よくどこかで教育を受けることができるようになった者たちです。

教育を受けるきっかけは様々です。多いのが、施設に収容され、そこで勉強を教えてもらうケースです。その他には、NGO、あるいは教会などの宗教団体が開催する無料の「青空教室」に参加したり、町で知り合った売春婦や大人の物乞いに教えてもらったりすることもあります。本気で学びたいと思っている子供は、どんな状況にあっても懸命に勉強するものなのです。

子供たちは教養を身につけたからといって、すぐにいいところに就職できるわけではありません。最初は日雇い労働をしたり、店の給仕として働いたりします。そこで血の滲むような努力をつみ重ね、雇い主に少しずつ認めてもらい地位を上げてもらったり、お金を貯めて店を出したりする。彼らはどん底の生活を知っていますので、ハングリー精神を武器に無我夢中で這い上がろうとします。そういう子は誰にも負けないようなつよさを備えていますね。

次に、2の犯罪に走る例ですが、残念ながら、こうした子供は少なくありません。そもそも子供たちは幼い頃から生きるために窃盗や暴力をくり返したり、違法薬物などを通して犯罪組織と関わりを持ったりしています。彼らは大きくなって自ら犯罪組織を立ち上げたり、他の組織に入ったりします。これまではリンゴを盗んで半日空腹を紛らわすだけだったのが、指輪や時計を盗めば一週間贅沢ができるようになることを知れば、そうすることを選ぶ人は少なくない。犯罪者になる機会はそこかしこに転がっているのです。

女の子の場合ですと、一三、四歳になるのと同時に売春宿に売られたり、自ら立ちんぼになったりします。一度売春婦になると他の仕事につくことは難しく、四〇代あるいは五〇代になっても体を売りつづける人もいます。

実際、売春婦たちに話を聞いていると、ストリートチルドレンが売春の道に入るのがどれだけ容易いかわかります。ネパールで出会ったインド人女性は次のように語っていました。

「私はインドの路上で生まれていろんな家族とごっちゃまぜになって育ってきたの。そのなかでは物心ついたころから、年上の男の子に性的ないたずらをされたり、食べ物と引き換えに性行為を求められたりしていた。押し倒されてやられるのは当たり前だった。だから、どうせならお金をもらった方がいいと思って売春婦になったのよ。インドからネパールに来たのは、昔から知ってる男たちから逃れるため。幼なじみの男は、お金を払わずに抱こうとする。けど、今の私はプロの売春婦だわ。無料でやらせるなんてとんでもない。それで知り合いのいないネパールにやってきたのよ」

物心ついたときから、強姦されたり体を売ったりするのが日常という世界に身を浸していれば、売春婦になるのはさほど抵抗がないのかもしれません。無料でしていたことが、気がついたらお金をもらえるようになるわけですからね。そのことを考えれば、彼女たちの選択を非難することはできません。

最後の3は、一生路上で生きるようになるケースです。彼らは犯罪に走らず、地道に日雇い労働や物売りをしながら、その日食べる分だけのお金を稼いで生きていきます。一日数百円の給料を得て、路上のコミュニティーで助け合うのです。仕事が軌道に乗れば、スラムに家を持つことができるようになることもあります。

彼らの大半は、同じ路上生活者と結婚します。とはいっても、役所に婚姻届を出すわけではないので、恋人として同棲しているうちにいつの間にか子供が生まれていたというのが普通です。気がついたら夫婦になっていたという感覚でしょうね。

ただ、彼らの間に結婚という「とりきめ」がないわけではありません。私はインドの路上で何度か彼らの結婚式を見たことがあります。ある日、コルカタの公園で寝泊りしている人たちと一緒にいたところ、別のコミュニティーが騒いでいました。タブラーと呼ばれる太鼓を鳴らし、男や女が盆踊りのように手を上げて踊っているのです。見にいってみると、首に花輪をかけられた若い男女が芝生の上に並んですわっています。

踊っていた一人がこう教えてくれました。

「今夜は、この二人の結婚式なんだ。それで、仲間全員で集まってお祝いをしているんだよ」

私は路上生活者が結婚式をするなんて聞いたことがありませんでした。すると、彼は次のように説明しました。

「たしかに結婚式をあげる人は少ないけど、うちのグループでは絶対にやることにしているんだ。結婚式をすれば、二人は夫婦になったことを認識し、しっかりと家庭を築こうとする。一方、そこをうやむやにしてしまうと、簡単に別れたり、ケンカをしたりするようになる。貧しくても結婚式というのはしておいた方がいいんだよ」

しばらく式を眺めていたら、別のコミュニティーの人たちがやってきて、一緒にうたい踊ったり、お祝いに花を渡したりしていました。こういうことのつみ重ねが、二人の関係を堅固なものにしていくのでしょう。

ストリートチルドレンが大きくなって結婚をし、引き続き路上で生きるのも、必ずしも悪いことだけではないのかもしれないと思いました。

第六章

子供兵が見ている世界

ます。

ＩＬＯの報告では、世界三六の紛争地域で、約三〇万人の子供兵がいるとされています。

国際法では、子供兵の定義を「政府や武装勢力が一八歳未満の子供を紛争で使用すること」としています。ここからわかるように、子供兵はかならずしも銃を持っているとは限りません。戦場には、戦闘以外にも多くの任務があり、それを任されている子供たちも子供兵に数えられるのです。たとえば、通信、武器の運搬、スパイ、医療、それに調理や洗濯などです。

とはいえ、子供を兵士として従軍させている武装組織は、密林に潜むゲリラ組織であることがほとんどです。そうなると、正規の軍隊のように兵士に細かい役割分担を割り当てる余裕はなく、一人があらゆる仕事を請け負うのが一般的です。普段は武器の運搬や日常業務をし、戦闘になったら銃を持って戦ったり、怪我をした仲間の治療に当たったりするのです。子供兵とは、いわば軍隊の〝何でも屋〟といってもいいかもしれません。

冒頭で世界の子供兵の総数を三〇万人と書きましたが、これは推測でしかなく、実

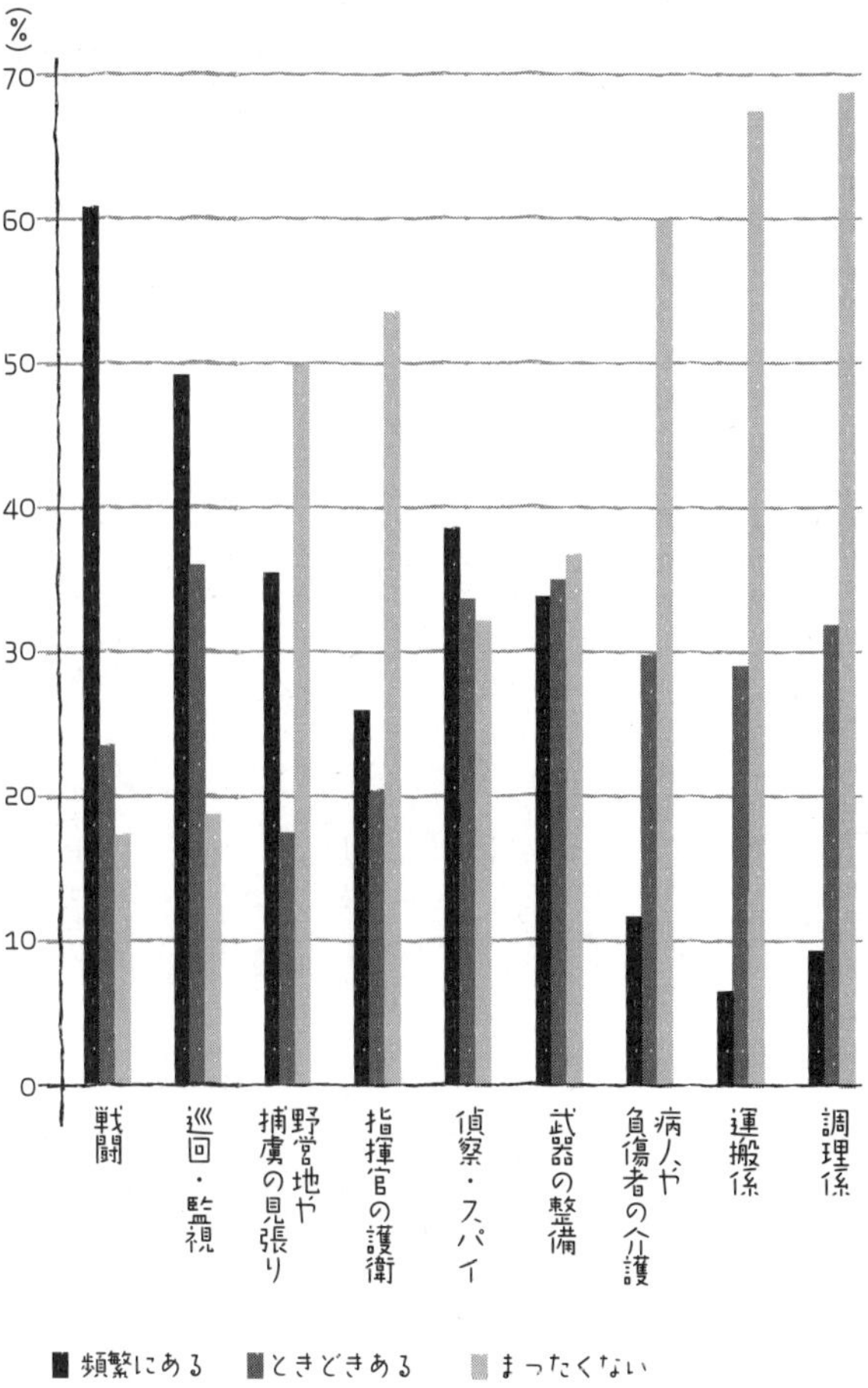

●子供の兵士に与えられる任務の例

際にどれだけいるかは定かではありません。ストリートチルドレンなど身元不明の子供がリクルートされていたり、ゲリラ兵の子供がそのまま兵士になっていたりします。また、後述するように、子供兵は戦場の捨て駒として利用されることが多いため、多くが戦死してしまっています。実際は三〇万人なのか、その半分なのか、あるいは倍以上にのぼるのか、誰にもわからないことなのです。

歴史をふり返ると、軍隊に子供が従軍することは決して珍しいことではありませんでした。太平洋戦争中の日本の軍隊のなかにも「少年航空兵」などと呼ばれる正規の子供の兵士がいました。徴兵制ではなく、志願制によって技術生徒は一五歳から、操縦生徒は一七歳から集めていたのです。正規の軍隊でなくても、日本の軍部は子供たちに武器の製造をさせたり、沖縄戦で子供たちに武器を持たして戦闘に駆り出したりしたことがありました。それらをすべて数え上げれば、日本軍における子供兵は膨大な数になるはずです。

これはナチスが率いたドイツでも同じことでした。ドイツ軍には「ヒットラーユーゲント」と呼ばれた子供兵の組織がありました。一〇歳から正式採用され、一九三九年頃には約八〇〇万人にまで膨れ上がっていました。彼らはナチスの思想を徹底的に叩き込まれ、戦地に送り込まれていたのです。世界の歴史を見れば、子供が戦場にいない方が珍しいともいえるのです。

アフリカ内戦の捨て駒

実際に、子供兵が国際問題として注目されるようになったのは、一九八〇年代以降のアフリカ諸国での内戦です。

アフリカの国々は、奴隷時代から一九五〇年代の初めまでイギリスやフランスなど欧州諸国の実質的な植民地支配下に置かれていました。各地域を支配する欧州の列強国が勝手に国境をつくりあげ、現地の民族を分断し、自分たちの言語や宗教を押し付けたのです。彼らが現地の人々のことをまったく考慮に入れていなかったことは、アフリカの国々の国境線がほとんど直線になっていることから想像できます。

欧州の支配者たちは、勝手に国境を引いて民族を分断した上に、分割統治という悪名高い政策で現地の人々を支配しました。一つの国のなかにたくさんの民族が住んでいるのに、特定の民族だけに政治や商売において特権を与え、彼らにその他の民族を力で押さえ込ませていたのです。ある民族が別の民族を支配すれば、民族対立が起きて、欧州の国に対する反発を分散させることができる。つまり、民族同士の反目を煽ることで、植民地支配を維持していたということです。

ところが、第二次世界大戦の終結からしばらくして、こうした支配構造が崩壊しはじめます。大戦によって欧州の国々は疲弊し、五〇年代の半ばから六〇年代にかけて植民地支配していた国の独立を許すようになるのです。ここで欧州の支配国は大きな過ちを犯しました。分割統治し、民族同士を対立させたまま、一つの民族に権力を譲渡して軍隊を国に引き上げてしまったのです。これにより、支配者のいなくなった国では、民族同士の争いが勃発しました。

この構造はアフリカの内戦を理解する上で大切なので、少々詳しく説明しましょう。たとえば、フランスがある国を植民地支配していたとします。フランスはその国にいたA民族に政治権力を与えて分割統治をしていました。一九六〇年になり、フランスは民族同士のいがみ合いをさんざん煽った挙句、突如として自分の国の都合によりA民族に権力を与えたまま独立を許し、軍隊を引き上げてしまった。すると、これまでA民族に冷遇されていたB民族やC民族が「A民族の支配下に置かれるのは嫌だ。俺たちに支配権をよこせ」といいだします。A民族はそんなことを許せば、自分たちの立場が危うくなることを承知していますので、彼らを武力で押さえ込む。すると、B民族やC民族は武器を手に取り、A民族を政権の座から引き摺り下ろそうとし、内戦が勃発します。簡単にいえば、これがアフリカ諸国で起きていた民族紛争の代表的な構図なのです。

こうした内戦がすぐに収まった国もあれば、八〇年代や九〇年代になってもなおつづいた国もありました。あるいは、一度は平和が訪れたものの、すぐに紛争が再発した国もあります。アフリカの問題を難しくしていたのは、内戦が一国だけでおさまらず、周辺国が自らの利権を求めて他国の武装勢力を後押ししたことで戦争が長引いたことにあります。

たとえば、ウガンダでは反政府組織を隣国のスーダン政府が後押しすることで戦争が長期化しました。反政府組織はスーダンから武器を流してもらえるし、戦闘で劣勢になればスーダン側へ逃げ込むこともできます。そうやって内戦がズルズルとつづいたのです。そして、この泥沼の内戦のなかに、子供兵が大勢混ざっていることが明らかになりました。

AK47による悪夢

そのことが問題になりだしたのは、武装組織ばかりでなく政府の軍までもが子供を完全な捨て駒として前線に送っていたためでした。つまり、子供同士が戦う戦争だったのです。

第二次世界大戦中も、その後の大きな紛争でも子供兵はいましたが、大人の兵士を子供兵が後方から支援しているぐらいか、雑用係が主でした。現実的に、子供の体力や技術では、重くて複雑な銃器を扱うことができなかったのです。しかしアフリカの内戦では子供兵こそが主役となった。

なぜアフリカの戦争では子供兵が前線で戦うことができたのでしょう。

まずあげられるのは、軽量化された武器が流出したことです。一九八九年の旧ソ連とアメリカの冷戦の終結によって、旧ソ連の国々から大量の銃器が国外に出回りました。軍の関係者が金のために倉庫に眠っていた武器を売りさばいたのです。それらは、投げ売りのような破格の安さで主に内戦中のアフリカに送られていくことになりました。自動小銃は一丁数千円、地雷や手榴弾は数十円から数百円という価格で取引きされたのです。

このとき、アフリカ諸国に雪崩れ込んできた銃器の一つに、ＡＫ47（通称カラシニコフ）と呼ばれる自動小銃がありました。ＡＫ47は構造が簡単で、子供でも分解、修理、使用が可能という特徴がありました。しかも他の銃に比べて丈夫で壊れにくい。銃の一部を切って軽くすることもできました。それは、アフリカの密林や砂漠で行われるゲリラ戦術には適していますし、武装勢力がさらってきた子供に持たせるものとしては格好のものでした。それゆえ、大勢の子供たちがＡＫ47を渡され、前線に送り込まれていったのです。

実際、ＡＫ47がどれだけ簡単な構造なのかというのは、その製造過程を見れば一目瞭然です。かつて、パキスタンとアフガニスタンの国境にあるダッラという兵器の密造工場がある町に住んでいたことがあるのですが、市場で売っている普通の鉄パイプを加工して、手作業で銃をつくっていました。拙著『地を這う祈り』という写真エッセー集に、その工程の写真を載せていますので、もし興味があればご覧ください。こうして子供兵が増加していくことになったのです。

さて、ここで一点、「子供兵」という呼び方について説明したいと思います。もしかしたら読者の中には、「少年兵という呼び方の方が一般的ではないか」という方もいらっしゃるでしょう。

あまり知られていませんが、子供兵のなかには、相当数の女の子が交じっているのです。たとえば、ウガンダでは、「神の抵抗軍」という反政府組織が地方の子供たちを誘拐して兵士にしています。このように誘拐された子供は、男の子より女の子の方が多いともいわれており、なかには男の子と同じように前線に送られ激しい戦闘をさせられている子も存在するのです。

女の子を子供兵に組み込む理由としては、次のような理由があげられます。

・組織を大きくするために、男女の区別なく子供兵をリクルートする。
・女の子を誘拐してくる方が簡単。逃亡したり、反発したりすることが少ない。
・男性兵士の妻にする。もしくは性処理の対象とする。
・組織内での料理作り、炊事洗濯などを担当させる。
・スパイや自爆テロとしてつかう。

えげつない、と思う方も少なくないでしょう。しかし、それが戦争というものなのです。

今現在の、日本だってこれに近いことを行っています。神奈川県に「陸上自衛隊高等工科学校」というのがあります。ここは中学を卒業した一五歳以上の子供たちに軍事教育を施す自衛隊の学校です。一般的な高等学校の授業も行われますが、同時に軍事演習や研究も行われます。学費は不要で、逆に学校側から月に九万四九〇〇円という手当てが支給されます。

この日本ですら、高校生ぐらいの子供たちに戦争教育を行っているのです。それが、アフリカの密林に潜む武装組織となれば、どういうことに発展するかは想像に難くないでしょう。利用できるものはすべて利用する。それが、昔から今に至るまでずっとつづく「戦争の理論」なのです。

リクルートの方法

子供兵は、若ければ八歳ぐらいから組織に組み込まれます。武装勢力にとって、何かしらの労働力になると見なされれば、子供兵として利用されるということです。

世界の子供たちが、兵士となった過程は実に様々です。力ずくで兵士にされた子もいれば、自ら望んで銃を取った子、あるいは食べ物がほしくてやむなく組織に入った子など、まったく異なるのです。ここでは、わかりやすく、主だった四つのケースをあげてみましょう。

1　武装勢力によって強制的に兵士にされるケース
2　子供が自らの存在価値をつくるために兵士になるケース
3　孤児が生活のために武装勢力に加入するケース
4　家族が子供を兵士にするケース

まず、あげたいのは、力ずくで兵士にさせられた子供の例です。

一般的に、子供でなくても銃を持って戦場で戦いたいと願う人は少ないでしょう。とくに紛争地域で生まれ育った子供は、戦争による人殺しがどのように残酷なものかを嫌というほど知っています。なかにはそれに憧憬を抱く子もいるかもしれませんが、大半は危険な目にあうことを恐れて、兵士になることを拒みます。

しかし、武装勢力が戦争をつづけるためには、絶えず兵員を補充していかなくてはなりません。兵士は消耗品ですし、勝利のためには絶対条件として兵の数が必要になってくるのです。が、政府の軍隊とは違って、多額の給料で兵士を集めたり、徴兵制によって定期的なリクルートをしたりすることができません。そこで、武装勢力のなかには、子供をさらってきて無理やり兵士に仕立て上げることがあるのです。たとえば、ウガンダやコンゴの武装勢力は、地方にある農家を襲撃して食糧や現金などを略奪したついでに、幼い子供までをつれさります。そして、その子供たちを脅かして、兵士として働かせるのです。

二つ目としてあげられるのは、子供がアイデンティティーを確立するために自らの意思で武装勢力に加わるケースです。貧しい地域では、子供は本人の意思とは関係なく児童労働をさせられます。そこには人間としての尊厳はほとんどありません。これは、ストリートチルドレンなどにも当てはまることです。彼らは路上の片隅に横たわり、誰からも必要とされずに物乞いをして生きていくしかありません。いわば、路上に転がる粗大ゴミのような存在なのです。

こうした子供たちは現状から脱却し、「人間として認められたい」という願望を抱きます。しかし、彼らには一般の仕事について社会的立場を得るための教養もなければ、チャンスもない。ただし、若い人は腕力なら負けないという自信がある。そこで、彼らの一部は武装勢力に加わり、戦争で名前をあげて一人前の人間として認めてもらおうと考えるのです。戦場では教養も生い立ちも関係ありません。銃を手に取り、敵の兵士を一人でも多く殺害すれば、賞賛され、名誉と富を手にできます。彼らにとっては、子供兵になることが唯一の出世の道なのです。

武装勢力もこうしたことを十分理解しており、子供たちの欲望をくすぐるようなことをしています。町の広場にストリートチルドレンを集めたり、村の集会場に貧しい家庭の子を呼んできたりして、おいしいご飯をたらふく食べさせます。そして、兵士たちは子供たちに対して、兵士になればどれだけいい暮らしができるかを教え込む。成功した子供兵が現れ、戦闘での英雄譚を誇らしげに語ることもある。貧しい子供たちはそうしたことを見聞きしているうちに、自分も武装勢力に加わって活躍したいと思うようになるのです。

最近では武装勢力のリクルート活動が映像を通して行われることも珍しくありません。特に二〇〇一年のアメリカ同時多発テロからイラク、シリアでのISによるテロ戦争までの約二〇年間はインターネットの戦争利用が急速に発展した時代でした。ネットを自由に見られない地域では巷に自爆テロDVDや首切り映像DVDといったものがあふれています。武装勢力が製作しているPR映像です。貧しい子供たちに映画を見せてやるといって上映会を開き、そこで映画のついでにこのPR映像を見せるのです。そこには実際に兵士として生きることがどれだけ誇り高いことなのかが説かれています。

私も闇市で売られているこうしたDVDを買って見てみたことがあります。パレスチナでつくられた映像には、自爆テロの若い実行犯が映し出されていました。決行直前にカメラの前で自爆テロをする動機を語ります。

「私は戦争でイスラエル人どもに家族を殺された。奴らに復讐をし、殺された家族の名誉を回復するために、この組織に入ることを決めた。組織では、敵を何十人も殺した。上官には褒め称えられ、わずか三年で幹部にのし上がった。富も手にした。そんな私は、最後に神の栄誉を受けたいと思った。そこで自爆テロを起こすことに決めたのだ。私は、これから爆弾を抱えてイスラエル人たちを殺す。これによって、私の名誉は神にも認められることになるだろう」

そして、画面が切り替わり、イスラエルの町が映し出されます。実行犯が人ごみのなかを歩いていき、しばらくすると突然爆発が起きます。画面が切り替わり、実行犯の男性の写真が映し出されます。そして、BGMとして『コーラン』を読む音声が流れ、「アッラーは偉大なり」という字幕が流れて終わります。

上映会でこの映像を見た子供たちが何を思うかはそれぞれでしょう。何人かはそれを見て「かっこいい」と感じるかもしれません。自分も民族と神のために死にたい、と。それが子供兵への第一歩となるのです。

三つ目は、戦争孤児が生きるために自分から武装勢力に加入するケースです。アフリカの政府と反政府組織の戦いの多くは農村など辺境の地で行われています。もしある村が戦場になれば、ほとんどすべての家が壊滅的な打撃を受けてしまいます。すると、いく人かの子供が親を殺されて孤児になっても、養って面倒をみてあげる経済的な余裕がありません。

こうなると、子供は一人で生きていくしかなくなります。しかし、戦火につつまれた国で幼い子供がどうやって生活していけるのでしょうか。仕事どころか、探したって食べ物すら見つからないのです。彼らは食べ物を得るために武装勢力に加わって兵士になるしかありません。兵士になりさえすれば、生きていくのに最低限必要なものが保証されるからです。

でも、兵士になるということは殺人行為をしなければならなくなるということです。銃を持って、敵を撃たなくてはならないのです。そこで、彼らは動機づけのために「復讐」という概念を持ち出します。本当は殺したくないのに、食べていくためには殺さなければならない。だからこそ、その殺しという行為を「復讐」と意味づけることで正当化しようとするのです。

子供兵たちに話を聞いてみると、「復讐」という言葉が頻繁に出てきます。たとえば、このような形です。

「僕は食べるために武装勢力に加わった。今は、復讐のために戦っている。親や親戚を殺された恨みを晴らすんだ」

初めは生きるために兵士になったものの殺人を犯しているうちに罪悪感に悩まされ、人殺しを「復讐」という名の正義に置き換えていたのでしょう。それが子供兵たちの言い訳の裏にある本音なのです。

最後に挙げる四つ目は、家族がやむなく子供を武装勢力に提供するケースです。私は南アジアや中東でこの例をいくつか見たことがあります。ネパールの例をご紹介しましょう。

ネパールの地方には、「マオイスト」と呼ばれる政治組織があります。現在は政党の一つとなっていますが、かつては山岳地帯で武装し、政府軍と激しい戦闘をくり広げる組織でした。農村部を実質支配し、一部から絶大な支持を得ながら、中央政府へと入り込んでいったのです。

以前、私は現地の政治家の協力を得て、マオイストが支配下に置く村を訪れたことがありました。ヒマラヤの麓にある荒れ果てた農村でした。ここ数年は、天候による不作がつづき、村の三分の一が家屋を捨てて町へ出稼ぎに行ってしまいました。置き去りにされた家々が朽ち果てたように残っています。

私は村長の案内で、五人の子供のうち三人がマオイストの兵士となったという家庭に赴きました。今でも、父親は子供兵となった息子たちとつながりを持っており、数カ月に一度会いに来てくれるのを楽しみにしているということです。私は、彼に息子が兵士になったことをどう思っているのか尋ねてみました。父親はこう答えました。

「息子たちは、自ら子供兵になったわけではない。私が子供兵になるように説得し、マオイストたちを紹介したんだ」

どうしてそんなことをしたのでしょう。父親は次のように説明しました。

「家は貧しく食べていけなくなった。どうしても口減らしをしなければならなくなった。そこで、私は子供をどうするか悩んだ。五人のうち二人は娘だ。もし彼女たちを働きに出せば娼婦にされてしまう。ならば、三人の息子をよそに行かせるしかない。ただ、町で働かせれば、二度と会えなくなってしまうかもしれない。ブローカーからブローカーの手に渡って奴隷のように扱われ、所在不明になってしまうことが多いんだ。そこで、子供をマオイストへ入れようと思った。兵士になれば、軍隊内で食事を取ることができる。たまには帰省して、話をすることだってできるだろう。もし戦争が終われば、また一緒に暮らすことだって可能だ。だから、子供たちにすべてを打ち明け、納得の上で、兵士になってもらったんだ」

この父親にとって、家庭の崩壊を最低限に食い止めるには、マオイストに息子を兵士として差し出すほかになかったのです。そして、息子たちもそれを理解した上で、子供兵になったのです。

同じことは他の国にも当てはまります。政情が不安定な国では、腐敗した政府に戦いを挑む武装勢力が支持されていることが少なくなく、生活に窮した際に最後の手段としてやむなく息子を兵士にすることがあるのです。そうすれば口減らしになるばかりか、ときに武装勢力から生活費が支給されるためです。

ネパールで会った親は、最初マオイストのしてきたことをまったく認めていなかったようです。どんな理由であれ、平和が一番だと考えていたのです。ところが、生活に困窮したことから、息子をマオイストの軍隊に入れなければならなくなりました。それからは、やむなく、マオイストの支持派とならざるを得なかったそうです。

その苦悩は彼の次のような言葉に凝縮されています。

「マオイストがあとどれぐらい紛争をつづけるつもりなのかわからない。わしのような馬鹿でも、戦争がいけないことはわかる。昔は、どんなことがあっても、マオイストの行動をよくないと考えていた。しかし、今は違う。マオイストの軍隊には、わしの息子たちがいる。マオイストを批判することは、息子を批判することだ。だから、今は、マオイストを支持することしかできない」

こういう家庭が増えていけば、どうしても武装勢力は大きくなっていきます。そうすれば、さらに子供兵は増え、戦争は長引く。しかし、親からすれば他に方法がない。そこに一部の民衆に支持される内戦を解決することの難しさの一つがあるのです。

人を殺すための洗脳

子供が兵士になるまでの過程のおおよそはご理解いただいたと思います。

兵士というのは、いわば殺人マシーンです。誘拐、貧困からの脱却、強き者への憧憬など兵士になる動機は様々ですが、何にせよ幼い子供がすぐに人を殺害することができるようになるとは限りません。脅かしたとしても、なかなか実行するまでにはいたらないというのが実情でしょう。

想像してみてください。小学生ぐらいの子供に自動小銃を渡して、「これをつかって敵を殺せるだけ殺してこい。そうしなければ、おまえを殺す」と命じたとします。それだけで子供たちが裸同然の装備で、銃弾の飛び交う前線へ出向き、敵の兵士を殺すことができると思いますか。

銃声というのは、間近で聞くと鉄の塊が破裂するような恐怖としか言い表せない音です。一発聞いただけで、金縛りにあったように身がすくんで動けなくなってしまいます。それが何百発、何千発と自分に向かって発射されるのを耳にすれば、パニックになるのは必至です。小学生や中学生ぐらいの子供が、そんな状況下で勇敢に戦うことなんて映画のワンシーンでない限りできるはずがない。

一方、武装勢力の大人の兵士たちは何としてでも子供たちに即戦力として戦ってもらわなければなりません。子供たちが戦闘を拒否するということは、戦力が弱まって、紛争に負けることを意味します。そこで、彼らは大きく分けて、次の二つのような方法によって、子供を戦場へ送り出します。

1　精神的に追いつめて拒否できない状況に追いやる。
2　薬物や呪術によって、論理的な思考を停止させる。

1に関しては、いくつかの方法があります。たとえば、家族を人質にとって戦争に参加しなければ殺すと脅したり、見せしめのために仲間を殺害して恐怖を与えた上で「同じ目にあいたくなければ銃を持て」と命じたりするのです。

しかし、こうしたことをしたとしても、大半の子供はまだ人殺しができるようにはならない。そこで、大人の兵士はさらに子供を精神的に追いつめます。どういうことなのか。私がウガンダで聞いた例を一つ紹介しましょう。ウガンダの北部の村で、一三歳のときに武装組織に誘拐された子供兵の体験談です。

「ある日、僕が友だちと野道を歩いていたら、突然武装した兵士たちがやってきて銃を突きつけられました。そして、『ついてこい』と命じられ、森のなかへ引っ張り込まれたのです。

彼らはその足で、近くの村へ僕たちをつれていきました。そして取り囲み、銃を渡して、これから村を襲撃に行くから手伝え、と命令したのです。そうこうしているうちに、兵士たちは銃を撃って村に襲いかかっていきます。僕と友だちは怖くて銃声のする村に近づけませんでした。すると兵士が怒り狂い、友だちの一人をその場で撃ち殺しました。そして、こう命令したのです。

『おまえも同じ目にあいたくなければ、ちゃんと戦え』

僕は銃を持って、恐る恐る村へ近づきました。でも、どうしても引き金を引くことができません。

すると、兵士は『人殺しなんて慣れだ。一度やれば何とも思わなくなる』と言って、つかまえた村人を引っ張ってきて、その場で撃ち殺すように命じました。一人殺せば、あとは同じだと考えると思ったのでしょう。村人は手を合わせて、助けてくれ、と頼み込んでいました。

僕は体が震えて立っているだけで精一杯でした。すると、兵士は僕の手をつかみ、力ずくでその人に向かって引き金を引かせたのです。村人はその場に倒れこみ、大量の血を流して死んでしまいました。

兵士は言いました。

『これでおまえは人殺しをした。一人殺そうと、二人殺そうと犯した罪は同じだ。それに、もし村に帰ったり、敵に投降したりしても、おまえは殺人犯ということで捕まって死刑にされるだけだ。だから、一生俺たちの下で兵士として働いて暮らすしかない』

これで、僕は兵士として生きる決意をしました。他に、生きる道がないと思ったのです」

武装勢力が子供に処刑を強要し、退路を断ってしまうことは、他の国でもしばしばあります。なかには、その子の両親や兄弟を殺害させたような例もあります。

子供たちはそうした体験をすると、「人を殺して穢れてしまった」「逃げても死刑になるだけ」「村の家族にあわせる顔がなくなった」という気持ちになります。そして、最終的には武装勢力の一員となり、兵士としての道を歩んでいくことを余儀なくされるのです。

また、ウガンダやシエラレオネで見られたのが、誘拐してきた子供の身体の一部を傷つけることです。刃物をつかって鼻を削いだり、耳を切ったりするのです。若い女の子がそんなことをされれば、絶望して村に逃げ帰ることを諦めるようになります。醜い顔を見られたくないとか、そんな顔で帰っても笑いものになるだけだと考えるのです。

大人の兵士が子供の体に、武装勢力の一員であることを証明する焼印を押すことがあります。もしくは、タトゥーをさせることもあります。これがあると武装組織の一員だと見なされ、殺害されることがあるため、村に逃げ帰ったり、政府軍に助けを求めたりできなくなってしまいます。

このように、子供たちは一生消すことのできない罪を背負わされたり、身体的な傷を刻まれたりすることで、武装勢力から離れることができなくなってしまいます。退路を絶たれ、兵士として生きるしかないと考えるようになる。

とはいえ、これだけではまだすべての子供が躊躇《ためら》いもなく戦場へ赴き、殺人を犯せるようになるわけではありません。死にたくない、人殺しをしたくない、そんな当たり前の感情が殺人マシーンになることを思い止まらせるのです。

大人の兵士たちはこうした子供たちに残された最後の感情を奪うために、2に挙げた「薬物」や「呪術」をつかうことがあります。それらによって、恐怖心を強制的に奪い取って、戦場に送り込むのです。シエラレオネでは武装勢力が八〇％以上の子供兵にヘロインやコカインをつかわせていたという報告があります。

子供に使用される薬物のなかで、もっとも象徴的なのが「ブラウン・ブラウン」と呼ばれるものです。まず、銃弾から薬莢と弾丸を分離させる。次に、なかにつめてある火薬を紙の上にだし、そこにコカインやヘロインの粉を混ぜる。間もなく火薬の色に染まります。子供たちはそれを吸引することによって酩酊状態になるのです。薬物に火薬を混ぜたという事実が「戦闘的な意識」を誘発させる上、火薬そのものにもトルエンが含まれており、それが酩酊作用をつよめるとも考えられています。こうした薬物は、子供たちの良心や恐怖心を完全に奪い去るのです。

戦場における薬物使用は、太平洋戦争中の日本軍内でも行われていました。神風特別攻撃隊として出陣する兵士にヒロポン、今でいう覚醒剤を与えて恐怖心を消し去っていたのです。ドイツのナチスなども同じようなことをしていました。兵士に薬物を服用させることは珍しいことではないのです。

薬物とは別に、武装勢力が呪術によって、子供兵を洗脳することもあります。ウガンダなんかではそうですね。密林にある僻村で育った子供は、物心ついたときから呪術師に囲まれ、迷信や神話のなかで生きています。第三章で見た地方の村のような状態です。このため、武装勢力が呪術をつかって、子供たちを洗脳するのです。

たとえば、ウガンダで知り合った元子供兵は次のようなことを証言していました。

「大人の兵士は、子供兵たちの体に水に濡らした灰を塗りつけました。戦いにいく前は、かならずそうするのです。大人の兵士は僕たちにこう説明しました。

『この灰を体に塗れば、絶対に敵の弾に当たらない。だから、思い切って突っ込んで敵を殺せ』

子供兵たちは、戦闘の前は、みんな争って灰を塗ってもらいました。それで命が助かると信じていたのです」

子供の迷信を信じる純粋な心を逆手に取った洗脳だといえるでしょう。でも、こうした呪術に効果があるはずもなく、子供兵は敵の弾に被弾して、バタバタと倒れていったそうです。

ここからわかるのは、子供兵はあくまで大人の兵士にとっての捨て駒でしかなかったということです。大人の兵士は自分が危険をおかしたくないからこそ、彼らを利用して戦おうとする。いわば、子供兵は「人間の盾」なのです。

実際、そうした映像が残っています。薬物によって意識が混濁した子供兵が、銃弾の飛び交うなかへフラフラと歩いて行き、わけもわからないまま空に向かって銃を撃っているのです。もちろん、敵はそうした子供たちをたやすく狙い撃ちしていきます。大人の兵士が安全な所で待機している一方で、麻薬や呪術によって思考能力を失った子供たちが次々と殺されていっているのです。

それが、兵士に仕立て上げられた幼い子供たちの「戦い」なのです。

帰還後のトラウマ

戦争は永遠につづくものではありません。かならずどこかで終わりがきます。たとえ何十年と長引いたとしても、武装勢力で兵士として働く子供たちは捕虜となったり、大怪我をして動けなくなったところを保護されたりすることがあります。いつかは社会復帰をしなければならなくなる日がくるのです。

ここで問題なのは、戦場で思春期を兵士として過ごした子供たちが簡単に社会にもどることができるのかということです。彼らは教育どころか愛情すらまともに受けた経験がなく、ずっと生きるか死ぬかの状況下で人殺しをつづけてきている。たとえは悪いかもしれませんが、サバンナで弱肉強食のなかを生き抜いてきた猛獣が、ある日突然動物園のショーのなかに放り込まれるようなものです。そこに溶け込むのは容易いことではありません。

政府は子供兵を保護した後、そうしたことを考慮して社会復帰のためのリハビリ施設に送り込みます。シエラレオネでも、ウガンダでも、スリランカでも、政府が運営する施設があり、そこで数カ月から数年の間、子供たちは様々なプログラムを受けることで少しずつ社会に馴染んでいけるようにするのです。

このプログラムは国や施設によって異なります。属していた武装勢力の非道を教えたり、彼らが犯した殺人現場を忠実に再現させることで過去と向き合わせたりする。ときには、殺害現場となった村の人々に会って謝罪させたりする。犯した罪を自覚させ、二度とこのようなことをしないように矯正していくのです。

ただし、すべての子供がプログラムによって立ち直れるとは限りません。次のような問題があるのです。

・子供兵の中には十年以上組織にいた者もおり、兵士としてのアイデンティティーを消すことができない。
・薬物によって廃人になってしまっている。あるいは、トラウマによって負った精神的ダメージが大きすぎて回復できない。

・社会復帰した後も、一般社会の人たちから「元子供兵」という差別を受ける。それによって孤立してしまう。

戦争によって負うのは身体的な傷だけでなく、内面の傷、そして社会的な傷にまで及びます。

かつて、私はスリランカという国で、完全に廃人になってしまった元子供兵に会ったことがあります。スリランカでは、LTTEという武装勢力が、政府軍と長年対立していました。彼らは貧しい家の子供を兵士として利用し、戦闘の前線に立たせたり、テロを行わせたりしていたのです。

ある日、LTTEの支配地域の村を訪れたとき、私は元子供兵がいるという話を教えられ、一軒の家を訪れました。すると、そこには、片足を失った子供が犬のようにロープを首に巻かれ、ベッドの柱につながれていました。精神を病んでいるのか、涎を垂らしてぐったりしたまま何もはなそうとしません。

彼の両親はこう説明しました。

「この子は、戦闘で足を失って兵士としてつかえなくなり、送り返されてきたんだ。しかし、帰ってきたときには、すでに精神をそうとう病んでしまっていた。何もしゃべらなくなり、土をつかんで食べるようになった。それで、仕方なく、ロープで括って家に閉じ込めているんだ」

戦場で何か精神をズタズタに切り裂くような現実に直面したのでしょう。

その後、私は村の人たちに、この元子供兵について話を聞く機会を得ました。そのとき、村人たちは次のように教えてくれました。

「あの子は、戦場でたくさん人を殺したんだ。そのせいで、悪霊が乗り移り、土を食わせているんだ。死ぬまでそんな罰を受けなければならないんだよ」

元子供兵がなぜ土を食べるようになったのかは、誰にもわかりません。そこで人々はそれを「悪霊の仕業」と想像したのでしょう。私はそれを目の当たりにして、初めて幼い子供が兵士として戦場で戦うことの恐ろしさを実感したものです。

一方、幸運にも、重度の精神障害にならずに保護された子供兵もいます。ですが、こうした子供たちが政府軍に悪用されることもある。武装勢力にいた子供兵は、政府軍にとっては情報の宝庫です。何年も武装勢力に属していたため、組織の内情から、隠れ処や戦術まであらゆることを知っています。政府軍にしてみれば、彼らを利用しない手はありません。

そこで、政府軍の兵士のなかには、捕虜としてつかまえた子供兵を洗脳して、自分たちの部隊で再び兵士として働かせる。武装組織の様々な情報を吸い上げたり、彼らを前線に送り込んでかつての仲間たちと戦わせたりする。スパイとして武装勢力のもとへ返すこともある。いわば、政府軍と武装組織が子供兵をぶつけ合うというようなことまで起きているのです。

もっとも、こうしたことを政府軍はなかなか公にしません。国際的な批判を浴びることが多いためです。しかし、現地で子供兵の救出をしているNGOの職員などの話を聞くと、この手の話を耳にすることがしばしばあります。保護した子供兵が「実は、最初につかまったときに政府軍に殴られ、スパイとして武装勢力のもとへ送り返されたことがあるんだ」と証言したりするのです。これが表面化しにくい政府軍の実態なのです。

社会復帰へ

子供兵の行く末を追っていくと、元子供兵たちが厳しい現実に突き当たっていることがわかります。武装勢力の側で戦うのも地獄ならば、投降するのも地獄なのです。

ただ、そんな現実にあっても、しっかりと生きていこうとする元子供兵は大勢います。数年間リハビリ施設での精神のケアや職業訓練を受けた後、社会の中で自立した生活をしていこうと考えるのです。

以前、ウガンダで、そんな元子供兵たちに会ったことがあります。ガイドにつれられて市場を訪れたところ、小さな雑貨屋がありました。そこは、元子供兵が数人で協力して経営している店でした。リハビリ施設で何年か生活を共にし、プログラム終了後に資金援助を受けて、店を建てたのです。

私は、彼らが元子供兵である経歴は現在にどう影響しているかと尋ねました。青年の一人は次のように答えました。

「この町には、元子供兵が何十人もいる。過去を明かしている者もいれば、ひた隠しにしている者もいる。町は平和に発展していくためにはそんな子供たちを受け入れなければならないし、僕たちもそこに順応して生きていかなければならない。お互い、胸の奥には様々な感情があると思うけど、それを言葉にしたところで何もはじまらない。だから、今は黙って目の前にあることを一生懸命にやっていくしかないんだ」

戦争が終わった後、町には敵味方にわかれて戦った人々が混在するようになります。殺した側の人間も、殺された側の人間も、いろんな心の傷を負ったまま生きていかなくてはならないのです。

これは小さな村においても同じことです。子供をさらった兵士も、村人を殺した子供兵も、子供兵に家族を殺された村人たちも、みんな一つの村で生活していかなければならないのです。今の平和を守るためには個人的な怒りや恨みは押し殺さなければなりません。

世界にいるといわれている約三十万人の子供兵。彼らが銃を置いた後に直面する現実はそれぞれまったく異なるものでしょう。しかし、どの子供たちもその現実を直視し、なんとか社会に溶け込んで生きていかなければなりませんし、周囲の人々は彼らを受け入れていかなくてはなりません。それが、子供が戦争に巻き込まれた地域の人々がつきつけられる厳しい現実なのです。

あとがき

本書のなかで、私は世界で問題とされている事柄を六つの章に分け、話をしてきました。

ほとんどの方が、世界に栄養不足やストリートチルドレンや子供兵といった問題があることはご存じだったでしょう。しかし、そこで生きる人々が何を思い、いかなる壁に突き当たり、どんな生き方をしているのかという現実を知る機会はなかなかなかったはずです。

世界の貧困問題の多くは、「世界には十億人の飢餓に瀕した人々がいます」とか「学校へ行けない子供たちのために募金を」というワンフレーズの簡単な言葉だけで表現されてしまいます。それを聞けばわかった気にはなるかもしれませんが、飢えた人々がどんな思いで生きていて、学校へ行けない子供たちが何をしているのかは実際のところ何も知らないままです。

一体なぜ、それについて誰もしっかりと語ろうとしないのでしょうか?

これまで私は途上国の人々に会って話を聞く仕事をしながら、それがずっと疑問でなりませんでした。彼らの置かれている状況は、決して一言でまとめられるものではありません。もっと複雑で、人間臭くて、深いものなのです。だからこそ、そうした生の現場の状況をしっかりとした形で紹介したいと思っていました。

この本のなかで描いたのは、そうした人々の生きる姿であり、言葉であり、感情です。餓死していく子供の姿、ストリートチルドレンの生活、子供兵たちの心情……。こうした現実は、ときとしてどうしようもない世界の現状を示すことにしかなりません。しかし、一言で片づけてわかったふりをすることは、彼らから目をそらすことと同じです。どうしようもなくても、しっかりと目を向けてあげなければ、何もはじまらないのです。

私はこの本を通して、みなさんが「餓死現場で生きる」ということがどういうことかを知っていただけたらと思っています。飢えている人の数や割合だけでなく、そこでどういう人がどんな思いで生きているのかということを知っていただきたかったのです。そして、どれでもいいですから、何か一つと向き合って、自分ができることを考えていってほしいと思います。

それは、行き先の見えないゴールに向かって大河を泳ぐようなものです。とても恐ろしいことかもしれません。しかし、何にしても現実と向き合うということはそういうことなのです。

みなさんのなかには困惑してこう言う人もいるでしょう。

「どうすればいいんですか」

「こんなことをして、意味があるんでしょうか」

しかし、そんなふうに考えないでください。あなただって本当はわかっているはずです。難しいからといって、人が出した簡単な答えにしがみついても何にもならないということを。

今一度勇気を出して自分の力で考え、動いてみてください。そうしてはじめてあなたは世界の大きな問題に巻き込まれている人々の「力」になれるはずです。そしてそういう人が少しずつ増えていけば、きっと問題そのものも変わっていくはずなのです。

文庫版あとがき

　本書をちくま文庫にするにあたって、各種データを最新のものに変えていく作業をしました。その時に感じたのが、本を刊行した十年近く前と比べて、たしかに統計の上で貧困は徐々にですが、改善されてきているということです。

　たとえば、二〇一〇年のWFPの発表では世界の七人に一人が飢えに苦しんでいましたが、二〇一八年には九人に一人に減っています。また、二〇〇八年のILOの統計では児童労働者の数は二億一五二六万人でしたが、二〇一六年の統計では一億五二〇〇万人になっています。

　これは世界が長らく目をそらしていた貧困を意識するようになり、その解決に向けて取り組む人が増えてきたことを意味しています。二〇一五年に国連サミットで決められた「SDGs（持続可能な開発目標）」が広まっていることも後押しになっているでしょう。特に感じるのが、若い人たちの間での意識の変化です。

　かつて世の中には、世界の貧困問題解決に向けて行動に移すのはごく一部の特殊な人と見なされる空気がありました。彼らが現地で行うことについても、井戸掘りをするとか、医療行為をするといったような特殊技能を活かして直接的に行う支援がほとんどでした。それで生活を成り立たせるということもあまり考えていなかった。国から資金を得るか、募金を集めるかしてギリギリのところで資金繰りをしなければならなかった。ごく少数の意識の高い人が、自分の生活を犠牲にして行う事業だったのです。

しかし、この二〇年、特に直近の一〇年ほどで、こうした状況は大きく変わりました。二〇代の若い人たちを中心として、より大勢の人たちが海外の貧困に対して当事者意識を持って向き合うようになった。

要因の一つに、インターネットやグローバル化の波の中で世界の出来事が身近になったことがあるでしょう。また、経済格差によって移民が流れ込んできたり、テロ戦争などで自国の人々が標的になったり、輸入品の汚染の問題に直面したりと、途上国の問題が直接自分たちに降りかかってくるようになったこともあるかもしれません。貧困を放置しておくことが、自分たちの不利益にしかならないと実感できるようになった。

このように世界の変化とともに、人々は途上国の格差を放置していることに危惧を抱き、行動を起こすようになりました。昔と違うのが、必ずしも国や募金に頼ったり、自己犠牲の意識で取り組んだりすることが減った点です。海外へ渡り、自分の力でビジネスとして取り組む傾向が高まった。

その背景には、ソーシャルビジネスと呼ばれる貧困などの諸問題を解決するためのビジネスが多様化していることがあります。フェアトレードといって貧しい国から商品を安く買いたたくのではなく、彼らがきちんと生活できる価格で買い取る。テクノロジーの発展によって教育を受けていない人にもいろんな仕事を任せられる。インターネットを駆使して教育や就業支援のビジネスを展開する。こうしたノウハウが広まることで、志のある人たちが少額の元手で、若いうちに思いを行動に移すことができるようになったのです。

情報発信の場が多いことも、彼らの活動を支えていると言えるでしょう。ＳＮＳを通して取り組みを世界に見てもらったり、同じ志を持っている人とつながったりして、活動の幅を一気に広げている。

実際に一〇年前にこの本を書いていた時に私のもとを訪ねてきた若者たちの中には、その後に世界で活躍するようになった人が少なくありません。ある女子大生は東南アジアで家政婦の女性たちが自立して暮らせるようにするビジネスをスタートさせていますし、ある男子学生はアフリカの数カ国でインターネットをつかった教育支援事業を行っています。

もう一〇年すれば、きっと世界の人々の距離はもっと縮まり、さらに多様なビジネスが展開されていくに違いありません。それは世界の格差を縮めていくのに役に立つことでしょう。

ただし、一つだけ忘れないでいただきたいのは、現地に生きている人たちには、その人なりの思いや生き方があるということです。本書で見てきたように、児童労働は決していいことではありませんが、働く子供は家族を背負っていたり、仕事に対するプライドがあったりします。少女売春、子供兵も同じです。どれも絶対に許されてはならないことですが、そこに生きている人たちはその人なりの特殊な事情を抱えて生きている。

もちろん、統計の世界で貧困を減らし、世界ができるだけ白に近づくように働きかけていくことは大切です。これまでも、そしてこれからも、そうやって世の中は少しずつ良くなっていきます。

しかし、貧困の現場で起きていることは非常に複雑で、算数のように一つの答えが出るものではありません。統計上は正しい行動だったとしても、そこで生きる人々の気持ちに寄り添ったものにならないこともある。むしろ、彼らの気持ちや立場を踏みにじってしまうことだってあります。だからこそ、私たちは彼らの立場で物事を考えて尊重しながら、自分たちが何をどうすればいいのかということを考えていくことが不可欠なのです。

とはいえ、本書に記したのは、あくまで私が海外で見聞きして感じたことです。何かしらの参考になるでしょうが、だからといって現地のすべてに当てはまることではありません。私が会った人がそうであっても、別の人はそうじゃないということが往々にして起こるのです。

私としては本を読んでわかった気になるのではなく、海外へ行って何かを感じ考えてほしいと思います。若い人も、子育て世代の人も、定年退職した人も、今からでは遅いということはありません。自分で感じ考えることで、何をするべきなのか、何ができるのかということを考えてほしいのです。あなたが心から感じたことであれば、あなたにとって絶対に間違いはないはずです。

私としては、この本がみなさんにとってそんな新たな出発のきっかけになってくれれば嬉しいです。

子供兵に関するデータはP・W・シンガー『子ども兵の戦争』（日本放送出版協会、二〇〇六年）、HIVに関するデータは『MMWR』january 21, 2005/54（RR02）; 1-20、厚生労働省エイズ動向委員会発表資料、一つの国で多言語が話される例は町田健『言語世界地図』（新潮新書、二〇〇八年）を基にしました。その他、図表や本文に用いたデータは、主に『世界子供白書　特別版　二〇一七』（ユニセフ）等、国連機関の発表資料を基にしています。

図表作成＝宇都宮三鈴

本書は、二〇一一年にちくま新書として刊行された『ルポ　餓死現場で生きる』を改題した上、大幅な加筆および修正を加えたものである。

明治国家のこと　司馬遼太郎　関川夏央編

司馬さんにとって「明治国家」とは何だったのか。西郷と大久保の対立から日露戦争まで、明治の日本人への愛情と鋭い批評眼が交差する18篇を収録。

方丈記私記　堀田善衞

中世の酷薄な世相を覚めた眼で見続けた鴨長明。その人間像を自己の戦争体験に照らして語りつつ現代日本文化の深層をつく。巻末対談＝五木寛之

東條英機と天皇の時代　保阪正康

日本の現代史上、避けて通ることのできない存在である東條英機。軍人から戦争指導者へ、そして極東裁判に至る生涯を通して、昭和期日本の実像に迫る。

戦中派虫けら日記　山田風太郎

〈嘘はつくまい。嘘の日記は無意味である〉。戦時下、明日の希望もなく、心身ともに飢餓状態にあった若き風太郎の心の叫び。（久世光彦）

責任　ラバウルの将軍今村均　角田房子

ラバウルの軍司令官・今村均。軍部内の複雑な関係、戦地、そして戦犯としての服役。戦争の時代を生きた人間の苦悩を描き出す。（保阪正康）

広島第二県女二年西組　関千枝子

8月6日、級友たちは勤労動員先で被爆した。突然に逝った39名それぞれの足跡をたどり、彼女らの生を鮮やかに切り取った鎮魂の書。（山中恒）

劇画　近藤勇　水木しげる

明治期を目前に武州多摩の小倅から身を起こし、ついに新選組隊長となった近藤。だがもしかしたら多摩で芋作りをしていた方が幸せだったのでは？

水木しげるのラバウル戦記　水木しげる

太平洋戦争の激戦地ラバウル。その戦闘に一兵卒として送り込まれ、九死に一生をえた作者が、体験が鮮明な時期に描いた絵物語風の戦記。

昭和史探索（全6巻）　半藤一利編著

名著『昭和史』の著者が第一級の史料を厳選、抜粋。時々の情勢や空気を一年ごとに分析し、書き下ろしの解説を付す。《昭和》を深く探る待望のシリーズ。

夕陽妄語1（全3巻）　加藤周一

高い見識に裏打ちされた時評は時代を越えて普遍性を持つ。政治から文化まで、二〇世紀後半からの四半世紀を、加藤周一はどう見たか。（成田龍一）

世界がわかる宗教社会学入門　橋爪大三郎

宗教なんてうさんくさい!? でも宗教は文化や価値観の骨格であり、それゆえ紛争のタネにもなる。世界宗教のエッセンスがわかる充実の入門書。

禅　鈴木大拙／工藤澄子訳

禅とは何か。また禅の現代的意義とは？ 世界的な関心の中で見なおされる禅について、その真諦を解き明かす。（秋月龍珉）

禅談　澤木興道

「絶対のめでたさ」とは何か。「自己に親しむ」とはどういうことか。俗に媚びず、語り口はあくまで平易。厳しい実践に裏打ちされた迫力の説法。

仏教百話　増谷文雄

仏教の根本精神を究めるには、ブッダに帰らねばならない。ブッダ生涯の言行を一話完結形式で、わかりやすく説いた入門書。

語る禅僧　南直哉

自身の生き難さと対峙し、自身の思考を深め、今と切り結ぶ言葉を紡ぎだす。永平寺修行のなかから語られる「宗教」と「人間」とは。（宮崎哲弥）

仏教のこころ　五木寛之

人々が仏教に求めているものとは何か、仏教はそれにどう答えてくれるのか。著者の考えをまとめた文章に、河合隼雄、玄侑宗久との対談を加えた一冊。

論語　桑原武夫

古くから日本人に親しまれてきた「論語」。著者は、自身との深いかかわりに触れながら、人生の指針としての「論語」を甦らせる。（河合隼雄）

つぎはぎ仏教入門　呉智英

知ってるようで知らない仏教の、その歴史から思想的な核心までを、この上なく明快に説く。現代人のための最良の入門書。二篇の補論を新たに収録！

タオ――老子　加島祥造

さりげない詩句で語られる宇宙の神秘と人間の生きるべき大道とは？ 時空を超えて新たに甦る『老子道徳経』全81章の全訳創造詩。待望の文庫版！

よいこの君主論　架神恭介／辰巳一世

戦略論の古典的名著、マキャベリの『君主論』が、小学校のクラス制覇を題材に楽しく学べます。学校、職場、国家の覇権争いに最適のマニュアル。

スタバではグランデを買え！　吉本佳生
身近な生活で接するものやサービスの価格を、やさしい経済学で読み解く。「取引コスト」という概念で学ぶ、消費者のための経済学入門。（西村喜良）

新宿駅最後の小さなお店ベルク　井野朋也
新宿駅15秒の個人カフェ「ベルク」。チェーン店にはない創意工夫に満ちた経営と美味さ。帯文＝奈良美智（柄谷行人／吉田戦車／押野見喜八郎）

味方をふやす技術　藤原和博
他人とのつながりがなければ、生きてゆけない。でも味方をふやすためには、嫌われる覚悟も必要だ。ほんとうに豊かな人間関係を築くために！

ほんとうの味方のつくりかた　松浦弥太郎
一人の力は小さいから、豊かな人生に〈味方〉の存在は欠かせません。若い君に贈る、大切な味方の見つけ方と育て方を教える人生の手引書。（水野仁輔）

増補　経済学という教養　稲葉振一郎
新古典派からマルクス経済学まで、知っておくべき経済学のエッセンスを分かりやすく解説。本書を読めば筋金入りの素人になれる⁉（小野善康）

町工場・スーパーなものづくり　小関智弘
宇宙衛星から携帯電話まで、現代の最先端技術を支えているのが町工場だ。そのものづくりの原点を、元旋盤工でもある著者がルポする。（中沢孝夫）

トランプ自伝　ドナルド・トランプ／トニー・シュウォーツ　相原真理子訳
一代で巨万の富を築いたアメリカの不動産王ドナルド・トランプが、その華麗なる取引の手法を赤裸々に明かす。（ロバート・キヨサキ）

英語に強くなる本　岩田一男
昭和を代表するベストセラー、待望の復刊。暗記やテクニックではなく本質を踏まえた学習法は今も新鮮なわかりやすさをお届けします。（晴山陽一）

英単語記憶術　岩田一男
単語を構成する語源を捉えることで、語の成り立ちを理解することを説き、丸暗記では得られない体系的な英単語習得を提案する50年前の名著復刊。

ポケットに外国語を　黒田龍之助
言葉への異常な愛情で、外国語本来の面白さを伝えるエッセイ集。ついでに外国語学習が、もっと楽しくなるヒントもつまっている。（堀江敏幸）

品切れの際はご容赦ください

私の幸福論　福田恆存
この世は不平等だ。何と言おうと！　しかしあなたは幸福にならなければ……。平易な言葉で生きることの意味を説く刺激的な書。（中野翠）

生きるかなしみ　山田太一編
人は誰でも心の底に、様々なかなしみを抱きながら生きている。「生きるかなしみ」と真摯に直面し、人生の幅と厚みを増した先人達の諸相を読む。

老いの生きかた　鶴見俊輔編
限られた時間の中で、いかに充実した人生を過ごすかを探る十八篇の名文。来るべき日にむけて考えるヒントになるエッセイ集。

人生の教科書［よのなかのルール］　藤原和博／宮台真司
〝バカを伝染(うつ)さない〟ための「成熟社会へのパスポート」です。大人と子ども、お金と仕事、男と女と自殺のルールを考える。（重松清）

14歳からの社会学　宮台真司
「社会を分析する専門家」である著者が、社会の「本当のこと」を伝え、いかに生きるべきか、に正面から答えた。重松清、大道珠貴との対談を新たに付す。

逃走論　浅田彰
パラノ人間からスキゾ人間へ、住む文明から逃げる文明への大転換の中で、軽やかに〈知〉と戯れるためのマニュアル。

学校って何だろう　苅谷剛彦
「なぜ勉強しなければいけないの？」「校則って必要なの？」等、これまでの常識を問いなおし、学ぶ意味を再び摑むための基本図書。（小山内美江子）

生き延びるためのラカン　斎藤環
幻想と現実が接近しているこの世界で、できるだけリアルに生き延びるためのラカン解説書にして精神分析入門書。カバー絵・荒木飛呂彦（中島義道）

反社会学講座　パオロ・マッツァリーノ
恣意的なデータを使用し、権威的な発想で人に説教する困った学問「社会学」の暴走をエンターテイメントな議論で撃つ！　真の啓蒙は笑いから。

「社会を変える」を仕事にする　駒崎弘樹
元ITベンチャー経営者が東京の下町で始めた「病児保育サービス」が全国に拡大。「地域を変える」が「世の中を変える」につながった。

誘拐　本田靖春
戦後最大の誘拐事件。残された被害者家族の絶望、犯人を生んだ貧困、刑事達の執念を描くノンフィクションの金字塔！　（佐野眞一）

疵　本田靖春
戦後の渋谷を制覇したインテリヤクザ安藤組の大幹部、力道山よりも喧嘩が強いといわれた男……。伝説に彩られた男の実像を追う。　（野村進）

宮本常一が見た日本　佐野眞一
戦前から高度経済成長期にかけて日本中を歩き、人々の生活を記録した民俗学者、宮本常一。そのまなざしと思想、行動を追う。　（橋口譲二）

新忘れられた日本人　佐野眞一
佐野眞一がその数十年におよぶ取材で出会った、無私の人、悪党、そして怪人たち。時代の波間に消えて行った忘れえぬ人々を描き出す。　（後藤正治）

占領下日本（上・下）　半藤一利／竹内修司／保阪正康／松本健一
1945年からの7年間日本は「占領下」にあった。この時代を問うことは、戦後日本を問い直すことである。多様な観点と仮説から再検証する昭和史。

現人神の創作者たち（上・下）　山本七平
日本を破滅の戦争に引きずり込んだ呪縛の正体とは何か。幕府の正統性を証明しようとして、逆に「尊皇思想」が成立する過程を描く。　（山本良樹）

東京の戦争　吉村昭
東京初空襲の米軍機に遭遇した話、寄席に通った話。少年の目に映った戦時下・戦後の庶民生活を活き活きと描く珠玉の回想記。　（小林信彦）

ワケありな国境　武田知弘
メキシコ政府発行の「アメリカへ安全に密入国するための公式ガイド」があるってほんと!?　国境にまつわる60の話題で知る世界の今。

週刊誌風雲録　高橋呉郎
昭和中頃、部数争いにしのぎを削った編集者・トップ屋たちの群像。週刊誌が一番熱かった時代を貴重な証言とゴシップたっぷりで描く。　（中田建夫）

増補版　ドキュメント　死刑囚　篠田博之
幼女連続殺害事件の宮﨑勤、奈良女児殺害事件の小林薫、附属池田小事件の宅間守、土浦無差別殺傷事件の金川真大……モンスターたちの素顔にせまる。

田中清玄自伝　田中清玄　大須賀瑞夫

戦前は武装共産党の指導者、戦後は国際石油戦争に関わるなど、激動の昭和を侍の末裔として多彩な人脈を操りながら駆け抜けた男の「夢と真実」。

権力の館を歩く　御厨貴

歴代首相や有力政治家の私邸、首相官邸、官庁、政党本部ビルなどを訪ね歩き、その建築空間を分析。権力者たちの素顔と、建物に秘められた真実に迫る。

タクシードライバー日誌　梁石日《ヤンソギル》

座席でとんでもないことをする客、変な女、突然の大事故。仲間たちと客たちを通して現代の縮図を描く異色ドキュメント。（崔洋一）

新版 女興行師 吉本せい　矢野誠一

大正以降、大阪演芸界を席巻した名プロデューサーにして吉本興業の創立者。ＮＨＫ朝ドラ『わろてんか』のモデルとなった吉本せいの生涯を描く。

ぼくの東京全集　小沢信男

小説、紀行文、エッセイ、評伝、俳句……作家は、その町を一途に書いてきた。『東京骨灰紀行』など65年間の作品から選んだ集大成の一冊。（池内紀）

吉原はこんな所でございました　福田利子

三歳で吉原・松葉屋の養女になった少女の半生を通して語られる、遊廓「吉原」の情緒と華やぎ、そして盛衰の記録。（阿木翁助　猿若清三郎）

ちろりん村顛末記　広岡敬一

トルコ風呂と呼ばれていた特殊浴場を描く伝説のノンフィクション。働く男女の素顔と人生、営業システム、歴史などを記した貴重な記録。（本橋信宏）

ぐろぐろ　松沢呉一

不快とは、下品とは、タブーとは。非常識って何だ。公序良俗を叫び他人の自由を奪う偽善者どもに〝闘うエロライター〟が鉄槌を下す。

独特老人　後藤繁雄編著

埴谷雄高、山田風太郎、中村真一郎、淀川長治、水木しげる、吉本隆明、鶴見俊輔……独特の個性を放つ思想家28人の貴重なインタビュー集。

呑めば、都　マイク・モラスキー

赤羽、立石、西荻窪……ハシゴ酒から見えてくるのは、その街の歴史。古きよき居酒屋を通して戦後東京の変遷に思いを馳せた、情熱あふれる体験記。

考現学入門 今和次郎 藤森照信編

震災復興後の東京で、都市や風俗への観察・採集からはじまった〈考現学〉。その雑学の楽しさを満載し、新編集でここに再現。（藤森照信）

路上観察学入門 赤瀬川原平／藤森照信／南伸坊編

マンホール、煙突、看板、貼り紙……路上から観察できる森羅万象を対象に、街の隠された表情を読みとる方法を伝授する。（とり・みき）

TOKYO STYLE 都築響一

小さい部屋が、わが宇宙。ごちゃごちゃと、しかし快適に暮らす、僕らの本当のトウキョウ・スタイルはこんなものだ！　話題の写真集文庫化！

自然のレッスン 北山耕平

自分の生活の中に自然を蘇らせる、心と体と食べ物のレッスン。自分の生き方を見つめ直すための詩的な言葉たち。帯文＝服部みれい（曽我部恵一）

バーボン・ストリート・ブルース 高田渡

流行に迎合せず、グラス片手に飄々とうたい続け、いぶし銀のような輝きを放ちつつ逝った高田渡の酔いどれ人生、ここにあり。（スズキコージ）

素敵なダイナマイトスキャンダル 末井昭

実母のダイナマイト心中を体験した末井少年が、革命的野心を抱きながら上京、キャバレー勤務を経て伝説のエロ本創刊に到る仰天記。（花村萬月）

青春と変態 会田誠

著者の芸術活動の最初期にあり、高校生男子の暴発するエネルギーを、日記形式の独白調で綴る変態的青春小説もしくは青春的変態小説。（松蔭浩之）

官能小説用語表現辞典 永田守弘編

官能小説の魅力は豊かな表現力にある。本書は創意工夫の限りを尽したその表現をピックアップした、日本初かつ唯一の辞典である。（重松清）

増補 エロマンガ・スタディーズ 永山薫

制御不能の創造力と欲望で数多の名作・怪作を生んできた日本エロマンガ。多様化の歴史と主要ジャンルを網羅した唯一無二の漫画入門。（東浩紀）

いやげ物 みうらじゅん

水で濡らすと裸が現われる湯呑み。着ると恥ずかしい地名入Tシャツ。かわいいが変な人形。抱腹絶倒土産物、全カラー。（いとうせいこう）

ちくま文庫

それでも生《い》きる

——国際協力《こくさいきょうりょく》リアル教室《きょうしつ》

二〇二〇年七月十日　第一刷発行

著　者　石井光太（いしい・こうた）

発行者　喜入冬子

発行所　株式会社　筑摩書房

東京都台東区蔵前二―五―三　〒一一一―八七五五

電話番号　〇三―五六八七―二六〇一（代表）

装幀者　安野光雅

印刷所　株式会社精興社

製本所　加藤製本株式会社

ISBN978-4-480-43679-5　C0136